大眾心理館　吳靜吉博士策劃—342
每冊都解決一個或幾個你面臨的問題・每冊都包含可以面對問題的根本知識

啟動孩子思考的引擎

活用四層次提問的有效教學

宋慧慈　著

遠流出版公司

出版緣起

王榮文

一九八四年，在當時一般讀者眼中，心理學還不是一個日常生活的閱讀類型，它還只是學院門牆內一個神秘的學科，就在歐威爾立下預言的一九八四年，我們大膽推出《大眾心理學全集》的系列叢書，企圖雄大地編輯各種心理學普及讀物達二百種。

《大眾心理學全集》的出版，立刻就在台灣、香港得到旋風式的歡迎，翌年，論者更以「大眾心理學現象」為名，對這個社會反應多所論列。這個閱讀現象，一方面使遠流出版公司後來與大眾心理學有著密不可分的聯結印象，一方面也解釋了台灣社會在群體生活日趨複雜的背景下，人們如何透過心理學知識掌握發展的自我改良動機。

但十年過去，時代變了，出版任務也變了。儘管心理學的閱讀需求持續不衰，我們仍要虛心探問：今日中文世界讀者所要的心理學書籍，有沒有另一層次的發展？

在我們的想法裡，「大眾心理學」一詞其實包含了兩個內容：一是「心理學」，指出叢書的範圍，但我們採取了更寬廣的解釋，不僅包括西方學術主流的各種心理科學，也包括規範性的東方心性之學。二是「大眾」，我們用它來描述這個叢書的「閱讀介面」，大眾，是一種語調，也是一種承諾（一種想為「共通讀者」服務的承諾）。

經過十年和二百種書，我們發現這兩個概念經得起考驗，甚至看來加倍清晰。但叢書要打交道的讀者組成變了，叢書內容取擇的理念也變了。

從讀者面來說，如今我們面對的讀者更加廣大、也更加精細（sophisticated）；這個叢書同時要了解高度都市化的香港、日趨多元的台灣，以及面臨巨大社會衝擊的中國沿海城市，顯然編輯工作是需要梳理更多更細微的層次，以滿足不同的社會情境。

從內容面來說，過去《大眾心理學全集》強調建立「自助諮詢系統」，並揭櫫「每冊都解決一個或幾個你面臨的問題」。如今「實用」這個概念必須有新的態度，一切知識終極都是實用的，而一切實用的卻都是有限的。這個叢書將在未來，使「實用的」能夠與時俱進（update），卻要容納更多「知識的」，使讀者可以在自身得到解決問題的力量。新的承諾因而改寫為「每冊都包含你可以面對一切問題的根本知識」。

在自助諮詢系統的建立，在編輯組織與學界連繫，我們更將求深、求廣，不改初衷。

這些想法，不一定明顯地表現在「新叢書」的外在，但它是編輯人與出版人的內在更新，叢書的精神也因而有了階段性的反省與更新，從更長的時間裡，請看我們的努力。

啟動孩子思考的引擎

目錄

專文推薦

見證臺灣教改的現場經驗

國立臺灣師範大學名譽教授　吳武典

以傳統中國記誦填鴨為主的基礎教育系統，欠缺從日常生活中汲取活潑生動教材的習慣，僅僅專注於教科書和陳年的文字材料，教師成為照本宣科的教學機，學生淪為背誦零碎知識的錄音機。長久下來，造成許多國民知識貧乏、創意不足、思考僵化；幸好隨著解除戒嚴，開放黨禁、報禁，臺灣擺脫幾十年的思想箝制，釋放出社會活力，並且隨之引發一波波教育改革的浪潮，其中，一九九四年的四一〇教改成為臺灣發展的重要里程碑。開放教育、活化教學、創意教學或是創思教學等中小學教育革新浪潮，從北到南、從都市到鄉村，讓臺灣教育現場呈現百花齊放與多元開放的面貌！

宋慧慈老師在四一〇教改時期服務於臺北市龍安國小，並且成為該校教改實驗班的班級導師。宋老師雖然不是資優班老師，但是都把學生視為資優生，以資優教育的精神貫穿她的班級經營。她熱情洋溢、精力充沛，教學設計上不受傳統教師手冊的限制，特別著重當下師生的互動，不落於俗套。她所經營的班級，以能帶領學生深度思考為核心價值。從宋老師的分享中得知，她確實掌握啟發學生思考的關鍵力量：透過「有效的問、接納的聽」所建立的對話教學模式。

對話（dialogue）是人與人互動的基礎，生活中處處可見對話。人類從對話中分享情感、建立關係、傳遞思想，進而形成生命共同體。對話紀錄許多古老哲學與宗教的發展：西洋哲學史上柏拉圖的《對話錄》，中國儒家核心思想的《論語》，基督教的《新約聖經》，佛教的大部分經典（如《金剛經》）等，莫不以對話的方式呈現師生之間一問一答的生命智慧。教育現場如能以對話作為學習的基礎，在有效提問下激發學生深度思考，教與學必定能展現多元豐富的面貌。

宋老師在退休多年之後，仍然孜孜不倦，投入公益事業，積極到各校推廣對話教學。三、四年來不但在臺灣超過百場演講，足跡更遍及美國紐約、馬來西亞和中國大陸杭州、重慶等地。為了把寶貴經驗分享給更多教育現場的同好，她把累積多年的經驗與教學成果彙整成冊，經由遠流出版公司的慧眼，成為見證臺灣教改過程的第一手文獻。

本書章節脈絡清晰，從對話教學的源起開始，對於問與答的基本型式作學理上的剖析，再以實際的教學活動設計鋪陳對話教學的過程，最後輔以眾多實際教學過程中發生的故事，言之有物且能扣人心弦。宋老師用心於對話教學，把每個學生當作寶貝，從不放棄任何學生，可以說是具有特教精神的老師。因此，字裡行間展現出高度的教育愛，也是支撐其基層服務三十幾年的重要動力。本書的出版不但可以讓中小學教師獲得教學上有用的參考資料，對於研究臺灣教育發展的學者，或研擬教育政策的行政官員，更可以增加論述臺灣教育改革的素材，我樂見此書的付梓並欣然為之推薦給廣大讀者！

耐心與愛心

資深廣播人　陶曉清

我是被宋慧慈在教育上的熱情所感動，故而在她移民宜蘭之後，每年寒暑假都在她的號召之下，成為她主導的教師營的師資群之一員。我也在她的邀約之下，跟著她到各地去參加活動。有時候我也偶爾會有些懷疑，她的活動常常是只有少少的經費，卻要全程參與至少三天兩夜，但是總是有一大群人去工作，大家都那麼沒事幹嗎？但是每次到了現場，我都會一再的被這個女人感動。所以到了活動結束時，我往往會心甘情願的跟她說：下次活動在哪裡？什麼時候？請盡量的用我吧！

讀她這本書時，彷彿又回到了當時的現場。看著她利用一張圖片或是一本繪本，帶著幾個小朋友會談，她就是能讓小朋友馬上放心的在一堆陌生大人面前爭相發言，然後引發在場來參加的老師有為者亦若是之心。多年來就在她的耐心培植之下，宜蘭地區已經有許多出色的宋慧慈接班人了。

我是在雪隧通車之後每個月去參加客廳讀書會的。在這裡跟那一群老師共同成長真是我非常幸福的經驗。也是在這裡我看到慧慈是多麼的知人善任，她能看見每個人的長處，於是在她的稱讚鼓勵之下，這個人會有最大的長進。她也會在看到別人的缺失時適時的提出來，我佩服她在拿捏時的恰如其分，同時她從不虛偽的裝腔作勢，我們時時聽到她在自我反省，並願意呈現自己的脆弱，於是在她提出建言時大家都能聽進去。

我在聽說她要寫這本書時就在期待著，因為在多年來共事的經驗中，以及在客廳讀書會同學們的分享中，再再驗證了對話式教學給孩子們的就是一份跟著走的態度與能力，這是需要極大的愛心與耐心的。

教育是百年樹人的神聖工作，多麼希望能有更多的老師信奉對話式教學，從小給孩子們培養出每個人都可以不一樣的信念，不論如何都能互相尊重與接納，那時讀書上學會更充滿期待與喜悅，社會也一定會更多元。這本書一定要暢銷！宋老師也一定要繼續開許多次的意識會談研習課，把這份愛與關懷不斷的傳出去……！

發現豐富的潛在

任林教育基金會督導　方隆彰

「思考」在學習過程扮演關鍵的角色，它能將別人的知識、經驗轉化為自己的內涵，因此，學習若無思考的過程，就如同閱讀只有強記，也僅是將他人的東西複印而已。

參加讀書會多年，深深被它多元互動、豐富激盪的靈活過程吸引，而其關鍵就是參與成員都能藉由有效的提問線索積極思考，主動表達，在相互接納、彼此聆聽中，共同建構出當下最真實、切身的學習。

自己在讀書會能有如此美好的學習，乃源自一九八六年開始和陳怡安老師學習「意識會談法」，學到善問與諦聽能引發每個生命豐富的內涵，有感於當時一般讀書會仍以帶領人「說書」為主，而非催化成員間互動，乃發表了一篇「思考的引擎——讀書會的善問功夫」，之後在學校教學現場也發現只要能善巧點燃學生思考的動機，自主學習的動力自然水到渠成。

人本來是喜歡學習，也會思考的，只是傳統的教育著重標準答案的記憶，讓人懶得思考，甚至不敢思考，因此，面對一群已習慣被餵食、被答案制約的學生，如何喚起本具的能力與興趣？我在慧慈老師的書中不只印證曾有的教學經驗，且在讚嘆她的源源創意與耐心教學中，得到諸多啟發，更願所有關心教育，以生命為師的有心人，都可以站在慧慈老師的肩膀上，讓更多生命重拾學習的樂趣，發現彼此豐富的潛在。

以心帶人的品德教育

宇寧身心診所院長　吳佑佑

開啟宋老師大作的電子檔後，我就開始後悔，自責為什麼要這麼衝動？只因欣賞這個人但並不了解她的作品之前，就答應要寫推薦序。第一頁出現的文言文，對中文不好的我而言，還沒開始閱讀就嚇到了，再加上這是講教育的書，與我的兒童精神醫學的工作領域不相同，惟恐讀來會更加吃力。因為答應了，我必須要一個一個字把它讀完。

但從第二頁起，我的閱讀困難統統煙消雲散了。這是一本以教育現場為主的書，是一本第一線老師的自傳，是一本老師介紹自己失敗或成功的教育經驗，是一本不斷自我反省的心路歷程，更是一本非常精彩的紀錄，有系統的整理出教育不只是知識的傳授，更重要的是以心帶人的品德教育。

宋老師的「提問有層次，教學有深度」，帶著孩子思考，一起討論問題，教孩子整理自己的思緒，而不是用教條的方式讓孩子記住事情。在處理孩子每日的情緒行為的問題，我喜歡宋老師的名言：「對話」一直是我們師生談心的最佳管道！而「十八羅漢的創新教學」讓所有的不可能變成可能。

身為臨床醫師，我常自問「診斷」對家長及老師在教育及教養上的意義是什麼？宋老師回答了我這個問題：為師者在與孩子相處時，均能以開放討論的方式進行，完全接受孩子可能有的困難、相信孩子的能力，有教無類的帶領著自己面對到的每一個孩子。

讓學生學會思考

全家盟十二年國教民間辦公室執行長　謝國清

「給一條魚，不如給一支釣竿，並且教他會釣魚」，雖然大家對這句話從小就耳熟能詳，然而這卻是件不容易實踐的概念，特別是當老師碰到學生時，傳統「傳道、授業、解惑」的教師形象，逐漸僵化為填鴨式的教育，而讓多數孩子成天讀書與考試，以致於學校常成為許多孩子想逃離的地方。

然而，面對極速社會變遷下所引發的教育變革，填鴨式教育已經無法滿足孩子從學校畢業後的需求，綜觀這兩三年在實施十二年國教的討論過程中，不論是早先由臺北市政府拋出的特色招生考類ＰＩＳＡ題型，或者教育部提出一〇四年度特色招生考試以非選擇題為主，在在都顯示出，如何讓孩子在學校教育的過程中學習到「思考」的能力，已經成為學校教育的主流；然而面對如此之趨勢，學校老師要如何改變教學方法，才能達成讓學生學會思考的目標呢？

宋慧慈老師累積她過去豐富的現場教學經驗，出版《啟動孩子思考的引擎》一書，光看書名就令人心動，事實上，「思考」本就應如引擎被轉動般的源源不絕，而非上課時才具有思考能力，另一方面，透過「對話」讓彼此的思想相互撞擊，則是訓練思考的有效途徑。慧慈老師特別將她的經驗彙集成書，相信對老師及家長都會有極大的幫助，更重要的是能讓孩子們真正具有思考的能力。

與心理治療相似的對話教學

國家教育研究院副院長　曾世杰

民國九十年，慧慈打電話給我，自我介紹說是王華沛的老婆，是宜蘭柯林國小六年級老師，要帶學生畢業旅行，請我協助台東行程安排。

華沛是我的學弟，可是這個叫慧慈的弟媳婦，與我素昧平生，居然就開口要了一個不小的favor——開始有孩子打語意不清的電話給我，我還動了關係，拜託東海的劉瑾瑜老師讓孩子在她家留住一宿——我就好奇，慧慈到底是怎樣的人？

孩子的旅行終於到了台東，我第一次見到慧慈。在短短的相處中，我看到一個熱情、自信、有想法、又有執行力的國小老師。當慧慈眼睛閃閃發光地講她的教育理念和作法時，我也看到華沛眼中對慧慈的愛慕與仰慕。

在這本書裡，很高興見到像慧慈這樣的專家老師，能以校園現場實例與大家分享她的獨門工夫。理路清楚之外，在故事中娓娓道來，更讓讀者不只是「知道」，更能「體會」。這個寫作方式，正是慧慈對話教學法的精髓。

韓愈的「傳道、授業、解惑」，把教師的角色綁死在單向的知識傳授，學生是被動的；禮記裡的撞鐘說，又把學習的主動權，完全變成交在學生方，老師是被動的。在慧慈的方法裡，師、生都可能是主動方，但老師位階顯然高於學生，老師透過專業的言詞的互動，幫助學生達成他自己不能達成的目標、看見他原來看不見的風景。

我也很意外地發現慧慈的「對話教學」與心理治療的相似之處。好的心理治療師有幾個特色：一、能建立信賴親睦的關係；二、能善問、深聽；三、能表達同理性的了解；四、能在對話裡，幫助個案思考，甚至找到安頓之道。我自己有幸能先讀到初稿，感覺有如得到心理治療般的踏實舒暢，特別為文感謝，讚啦。

對話，開啟教育大門

人間佛教讀書會執行長　覺培法師

拿到宋慧慈老師寄來的書目與文章，邊讀邊感到這本書處處充滿著對孩子的愛與疼惜。宋老師雖擁有數十年的教學經驗，卻沒有一點驕慢，永遠以學生的需要為思考核心，時時不斷修正自己對教育的觀念。這是一位老師對學生們的愛，也是敬業邁向專業的最佳表現。

宋老師透過與學生的對話，拉近了彼此的瞭解。透過有效的提問，開展一連串發人省思的語言，自然也就啟動孩子思考的引擎。提問者的智慧與慈悲，善巧與方便，就讓孩子在問答中，展開對生命的疑情；透過對話，激發思考的交流道，是雙向而不是單方面；是一種不斷開拓認知與思維的過程，使孩子看到更廣闊的藍天，也看到了承載萬物的大地。這種教育，不是強加灌溉養份，而是透過思考、反省、聆聽，打開了孩子眼耳鼻舌身意的世界。

與其說這本書提供給老師們生動活潑的教學法，不如說，它給了人與人、人與社會、人與自己對話的一道門徑，這道門徑，通往生命的「自覺」。

對話，原來可以如此入味！

王意中心理治療所所長／臨床心理師　王意中

在從事兒童青少年心理諮商與治療的過程中，經常發現有些孩子總是苦於心裡話不知道向誰說、不知道說什麼、不知道怎麼說，到後來乾脆就索性選擇不說。而這不說，也造就了一群不喜歡思考、不願意思考，甚至於到後來也難以思考的孩子。

當家中，父母總是要求著孩子，而孩子則常對父母索求著。當班上，老師總是自顧自地拋出知識，而孩子卻依然不為所動。我想，可以預期，在如此缺乏交流與共鳴的雪球滾動下，日積月累之後，孩子的思考將被鎖卡，無法正常啟動或視動腦思考為畏途。

然而在閱讀宋慧慈老師的作品《啟動孩子思考的引擎——活用四層次提問的有效教學》，驚喜發現字裡行間，對於孩子的思考鎖卡有著迷人的解碼功效。原來，透過意識會談的四層次對話教學方式，讓看似熄火休眠的引擎，再度讓人聽見那股熱情的轉動聲音，你將欣喜遇見孩子的思考重新啟動。

喜歡書中所強調，「有效也要有笑的對話」、「提問」比「給答案」更重要！閱讀《啟動孩子思考的引擎——活用四層次提問的有效教學》這本書，讓我們深刻體會在和孩子之間的對話，是可以如此既深且廣的入味——一種對於生命實踐的踏實感受，及人與人之間的真誠溫度。

第一章

啟動孩子思考的引擎

理想的教育，應該是教導學生有「覓食」的能力，而不是一味的「餵食」學生！唯有啟動孩子思考的引擎，才能讓孩子在學習之路培養出「自我覓食」的能力，也就是「學習如何學習」（Learn to learn）的道理。

雖然所有執教改牛耳之人，都知道「給孩子魚吃，不如給孩子一根釣竿」的道理，並且宣揚「要教孩子學會如何釣魚」的理念；但，近三十年來，臺灣的幾波教育改革，好像推動的終點都會落入「換湯不換藥」的無奈下場，少有學生能夠走入「樂在學習」的校園，也少有老師能因課程改革而享受到「教學相長」的喜悅感。總還是見到「考試領導教學，因而老師不得已的只能照表操課、照本宣科。」的「無對話」遺憾。

師生間如果無法建立信賴的對話關係，很難圓滿「師者，所以傳道，授業，解惑」的境界！

1 自我期待的教師圖像

在我進入教育界，正式執教鞭前，對《禮記・學記篇》裡的幾段話經常反覆咀嚼！

其一、「今之教者，呻其占畢，多其訊，言及于數，進而不顧其安，使人不由其誠，教人不盡其材；其施之也悖，其求之也佛。夫然，故隱其學而疾其師，苦其難而不知其益也，雖終其業，其去之必速。教之不刑，其此之由乎！」回想自己求學時期遇到的老師，絕大多數是「只吟誦課文，大量灌輸知識，且一味趕進度，而少顧及學生是否消化得了」。難怪當時還是學生的我們，無法安穩的學習；更有一些老師的教學方法，根本違背了教育原則，甚至對學生的要求極不合常理。難怪學生會痛惡學業、怨厭老師，只是苦於學業艱難，卻不懂求學問的好處。所學必然忘得快！

其二、「善歌者，使人繼其聲；善教者，使人繼其志。其言也約而達，微而臧，罕譬而喻，可謂繼志矣。」我謹記：教師講課，要簡明扼要，精練完善，舉例不用多，但皆能直指核心。

其三、「記問之學，不足以為人師。必也聽語乎，力不能問，然後語之；語之而不知，雖舍之可也。」我期許自己：不要讓學生死記一些零碎的知識，要根據學生的提問，給予圓滿的答覆。但，如果學生提不出問題，我要如何告訴他？如果告訴了他，學生仍不能理解，真的就不要再講下去了嗎？

其四、「善問者，如攻堅木，先其易者，後其節目，及其久也，相說以解；不善問者反此。善待問者，如撞鐘，叩之以小者則小鳴，叩之以大者則大鳴，待其從容，然後盡其聲；不善答問者反此。」這一大段文字，修練了我的急性子，也修練了我「以對方為中心」的對話精神。

「教也者，長善而救其失者也。」是我擔任教職三十年的最高指導原則。

誠然，我卻也在教書進入第十個年頭時，遇到教學上的大瓶頸！

我開始感受到「教然後知困」的挫折。猶如《禮記・學記篇》中所言：「雖有嘉肴，弗食，不知其旨也；雖有至道，弗學，不知其善也。故學然後知不足，教然後知困。知不足，然後能自反也；知困，然後能自強也，故曰：教學相長也。」

「如何可以教學相長？」成了我那個時期的重要課題。

可惜的是：體制內的教師研習，經常是理論多於實務，總感覺不符合我教學現場的實際需求。幸好有一個機緣，朋友介紹我參加陳怡安教授主帶的「激勵生命方法」研討會，經過五天四夜的激盪，留在我腦海中一句鮮明的話，好似當頭棒喝！

「人類有四種學習能力：記憶、覺受、詮釋、創造。組織帶人的訓練中，都顧及到員工這四種能力的提升了嗎？」陳怡安教授說的「組織帶人的訓練」不相當於我的教學設計嗎？不等同於我對學生能力培養的評量嗎？

當時，我的任教科目，以六年級的美勞科為主，搭配了三年級的自然科。我立刻檢視了自然科紙筆測驗的能力施測，幾乎以「記憶性」為重，當場嚇出一身冷汗！就像《禮記・學記篇》上說的：「夫然，故隱其學而疾其師，苦其難而不知其益也，雖終其業，其去之必速。教之不刑，其此之由乎！」

我約略觸摸到我無法享受到「教學相長」的挫折感來源！

再檢視我主授課的美勞領域，更是汗顏！

「美勞課」沒有進度、也沒有考試的壓力，應當更能「長養」學生記憶力之外的其他三種學習的能力，如：覺受力、詮釋力和創造力。我竟忽略了我可以再精進的教學能力！

那次跟著陳教授研討的議題為「四層次提問」的意識會談法，雖然對象多為企業界的高層主管，對我一直引用「企管概念」來經營班級的教育設計，其實是相當受用的。所以，當結束五天四夜的取經後，我劍及履及立刻在美勞課和自然課上運用，並展開我教書生涯邁向「對話教學」的一大步！

最大的改變是：學生的眼睛亮了！嘴巴開了！心也寬了！

我看到學生思考的引擎動起來了！

原來，「提問」比「給答案」重要得多！

陳教授一再強調：人的一生，無時無刻不活在「對話」的關係中。「對話」是一種平等、開放、自由、協調、富有情趣和美感，時時激發出新意和遐想的交談；不是忙於闡明自己的偏見，反而使自己的偏見暴露出來，使自己處於一種對自己懷疑的情境。

對話教學強調「共同討論」及「合作思考」，帶領學生從簡單的交談到深度的對話及思辯性的討論活動，透過「有效的問、接納的聽」，促使學生的思考歷程透明化，再藉由理念和經驗的分享及批判，洞悉並理解個人的經驗，進而建構新的知識。

我個人有幾次愉快的「對話教學」經驗，主要就在「意識會談法」的靈活運用。這是一種可以聽自己、聽他人的會談方法，目前已廣泛的被應用在企業管理上，舉凡活動的暖身、企業經營的探討、管理原則的共識等，「意識會談法」運用得當，企業體猶如注入一股新血，可以把分散的個人力量凝聚為共同體的結合。用在小學生身上，更可以激發出人類的四種基本學習能力。為了有效激發孩子各種學習能力，帶領者的問題引導便是會談能否成功的關鍵。基於「問問題」讓參與者回答，可以營造出討論的氣氛，所以如何運用人類的四種基本學習能力來設計問題以達帶動研討的目的，「問題的層次」和「帶領的步驟」必須審慎設計。尤其小學生的學習更是由具象開始，也就是由直覺、直觀慢慢才能發展到抽象概念，所以依照問題層次來帶動的會談，才能幫助小學生的思路順暢，也才能抓得住他們樂於參與討論的意願。

尤其在進行藝術作品鑑賞時！

我一直認為：美勞課，不應以「製造」畫家或創作者為主要的課程設計依據，應該教導每個孩子喜歡欣賞、也懂得欣賞生活中的所有創作品。不論是古今中外的藝術作品，或美勞課中同學的創作，透過「提問」，啟動孩子思考的引擎，拉近孩子與作品的距離，更重要的是藉由「覺受力」跟作品發生關係；藉由「詮釋力」讓作品和自己的生活經驗產生連結，將因為「創造力」被點燃，而有另一波的創造產出。也就是：不只看熱鬧，也要看得懂門道！

2 小學生眼中的「意識會談」對話教學

人的一生，無時無刻不在對話關係中；我的對話教學，也是隨時隨地在進行著！

宜蘭縣特有的校外教學——一年一度的綠色博覽會，我總會就地取材的和孩子們透過有效提問，深談這趟教學的外出意義和學習重點。

一位遊客很好奇於全班居然都可以專注的聆聽熱烈並回應，問我有何祕訣？

那一日回到教室，我對孩子們一鞠躬，說：謝謝你們讓我感到好驕傲！

全班同學在吵雜的戶外，專注的參與對話教學。

還說：老師認為你們在吵雜的戶外，也能這麼專注的參與對話教學，跟這兩年來我的對話教學有關。

我問孩子們同意嗎？

看著多數的孩子點頭如搗蒜，我邀請大家以新聞報導的方式，介紹他／她心中的對話教學！

聽聽小學生扮演記者身分所報導的「意識會談」對話教學：

對話教學，趣味多！

宋老師新式教學——難度頗高

【小記者徐翟珮涵／羅東報導】

被宋老師教了一年的六信，已經習慣了對話教學，但對於剛嘗試的老師及同學，必須要有相當資格才能來玩這個遊戲。

進行對話教學時，宋老師都以交談的方式上課，不像一些老師拿著課本，叫大家跟著唸，那種「古板」的教法既枯燥又乏味！可是對話教學卻比古板教法還要難，所以宋老師在實施這項遊戲前，會先詢問同學是否能接受，如果有人能力不足或聽不懂時，宋老師可就三條線了！>_>||| 但宋老師通常都會針對有困難者設計另一種課程，直到他能接受對話對學。

雖然如此，對話教學真的幫六信不少忙！因為每次宋老師都會丟給他們一群問題種子，慢慢在同學心中萌芽，所以常常會用到腦，據小記者的觀察，有時還會用到「腦抽筋」和「腦打結」呢！

對話教學要用對地方，否則效果會適得其反，不過如果用得很恰當，倒是可以收到事半功倍的效果哩！但至於如何運用，就要靠各位老師的創意囉！

五信對話教學

不專心，學不來

【小記者沈寬／羅東報導】

竹林國小上一屆的五年信班中，有一位對話教學專家——宋慧慈老師！何謂對話教學呢？就是用「提問」的方式上課，由老師問問題，如果不夠專心，是沒有辦法聽懂老師的問題的！而且在思考的過程中，需要動腦子，我覺得這是很棒的教學方式。

不過，有時上課太開心，往往不會注意到音量，容易吵到別班，因此上課時也要注意聲音大小喔！

是對話教學，不是對罵教學

同樣都是教學，但可以多樣化

【小記者王俊瑋／羅東報導】

產品可以做得多樣式，當然教學也能多樣化！先來說說對話式教學，我覺得有好有壞，（因為天下沒有十全十美的。）好的是感覺上整個心情比較輕鬆，比較不會覺得嚴肅；至於比較不好的是太過於輕鬆，心不在焉問東答西、問西答東。不過，我個人是比較喜歡這種方式，當然其他的方法也可以帶進課程，這種方法應該分為兩種，一種是一對一，另一種則是大眾的（一起教的）。

每節都是聊天課

不過有什麼優、缺點？

【小記者許珈綺／羅東報導】

上了五年級之後，老師就開始實施對話教學的計畫，讓每個人都能充分的表達自己的感想，不會把話憋在心裡頭。

記者偷偷的告訴你們對話教學的優、缺點。嗯～優點是：⑴可以把心裡的疑問講出來，讓全班一起討論。⑵每一個人都可以說自己的立場，做錯事情不會打，有時還附有一天的緩衝期。但是缺點是：有些人不敢在全班面前說出自己感覺，所以就會一直憋在自己的心裡。（這些人要小心喔！要不然有一天你的心臟會「爆」掉。）有些人則是會不習慣在大家面前表達自己的想法。

記者覺得對話教學還滿不錯的，雖然剛開始不太習慣，但只要慢慢的去適應就會習慣的，而且會覺得每一節課都像在聊天一樣哦！從聊天中，我可以聽聽別人的答案，說說自己的意見，也讓我學習到怎麼跟別人互動。

對話教學是什麼？

六信都說「好」！

【小記者簡慈／羅東報導】

對話教學是什麼？相信很多人都有這個問題，對話教學就是……嗯～溝通吧！宋老師一直對六信強調：若家長有什麼問題，請直接和宋老師面對面溝通，而同學如果在課業上有什麼困難，也可以直接去找宋老師。

對話教學這個東西，說明白點，就是不用老師的權威來壓學生，只用勸導的方式來教，所以，對於六信這一班的「特殊」人，是非常有效的。

3 從電影會談中，汲取教育動力

基於「好東西要和好朋友分享」的動機，我在教學群推薦讓我享受到「教學相長喜悅感」的教學法，並在「移民宜蘭」的第一年成立了「客廳讀書會」，定期聚會，彼此交流使用「意識會談法」對話教學的武功秘笈，退休後，還遠赴花蓮陪一群特教老師精進與學生的對話提問技巧。

我曾經在宜蘭有一場對話教學示範，贏得觀摩的老師好多讚嘆；在花蓮也有一堂帶領新住民媽媽的短片意識會談，同樣博得滿堂彩！願意學習「意識會談」對話教學的老師越來越多，我總是以王陽明的智慧名言「知是行之始，行是知之成！」鼓勵參與研討的老師，學了就要用！

很欣慰聽到一直在宜蘭縣的迷你學校深耕對話教學的林淑君老師，不論是在偏遠的內城國小，或原住民學區的寒溪國小，都善用「意識會談」的有效提問，讓她的小班級對話教學淋漓盡致的發揮對話精神。淑君老師分享她是如何一步一腳印的用功於「帶領影片意識會談」的增能。

淑君老師說：

其實，在我讀高中前的就學經驗，從未有過「電影會談」這回事，但經由參與陳怡安教授帶領的「九年一貫在宜蘭」系列精進營、中華民國激勵協進會主辦的「學校教育三年有成」宜蘭教師成長營、王華沛和宋慧慈兩位老師策劃的「九年一貫對話教學」研習會，讓我對電影會談有了新的體會與歡喜，然後，我試著將電影會談帶進教室，從對孩子的提問中，居然更進一步拉近我與電影的距離，孩子的回應在在呈現出他自己內心深層的關切，許多的話題在當下自然的投射，也自然的觸發孩子自我的覺察與反思，在這樣自然的、放鬆的、快樂的氛圍裡，貼近每個孩子與孩子間的距離，也將老師與孩子內心的話題隱然的聚焦，不覺中，鬆動著每一顆揪緊的心，對話的影響力就這樣慢慢的醞釀、無形的改變逐漸在發酵⋯⋯。

自己在電影會談的體驗中，強烈感受到看影片的當時，其實藏著舊經驗回憶拉扯，往往扣住自己內心最深刻也最不願碰觸的痛或愛，藉由影片的牽引與投射，在那剖心分享的時刻，毫無掩飾的自我照見，也毫無介蒂的自我療傷，甚至藉由與會者生命體驗的分享，尋找到久溺其中不解的豁然。而這不就是心理諮商的另一條管道，轉回職場這不也是遠優於說教、責難的輔導技術？從孩子身上也獲得相同的驗證，自己不由得相信電影會談在教學上的魅力，而不再心虛的怕被質疑，或被另眼看待，相反的，因為清楚孩子的思考引擎被一次又一次的電影會談啟動，自己竟然能勇敢且篤定的推薦「電影會談」對話教學的妙處，也漸漸的打動同事願意嘗試藉影片會談來聽聽孩子內在的聲音，讓偏鄉的小孩也有啟動思考引擎的機會。

我自己的教學思考引擎被幾部電影轟轟烈烈的啟動了！

《老師》這部日本教育影片，讓我勾起教學生涯前五年，啟智班孩子帶給我的淬煉與感動，提醒我沒有突破不了的瓶頸，儲備我更深的熱忱；改編自美國中學真實故事的《十月的天空》一片激起我傾聽自己內心聲音的勇氣，深烙下認清孩子的潛力無限及改變的可能；《心靈點滴》則催化自己真誠面對問題，尋求解決困頓的策略，相信自己有能力、有創意、有人文且樂在工作；最後再經《十二怒漢》片中對話敲扣自己思索——樹立專業與職業道德的迫切需要，更令我透視團體成員的影響力，強烈感受到對生命的無價尊重。

經由那四場次的電影會談研習，激盪出我對自己的再檢視與反思，回顧的層面除了職場、自我、生活、家庭外，還引導思索團體關係、人我關係，從各個角度切入思考解決的策略。我的思考引擎之所以可以被啟動，探究原因，乃在沒有傳統研習的制式卻有超乎水準的洗滌；沒有被迫的無奈而有期待的雀躍；研習是一份出自內心誠摯的邀約，相聚是一幅凝結感動的場景，散場是感動後展現行動的進行曲。

4 讓「對話」啟動孩子的思考引擎

我相信「自覺是治療的開始」，但得先啟動孩子思考的引擎，才能激發孩子自覺的能力，也才能有「自決」的毅力！

退休後，接到竹林國小輔導室的求援，希望我能回去協助老師輔導六年級孩子跨越青春期的情緒風暴。

宋老師：

這是99年12月9日六年級學年會議老師們針對學生目前急需協助解決的問題：

一、最近高年級學生狀況開始變多，請學務處協助支援處理學生問題。

二、各班狀況羅列，需輔導處協助部分：(1)班級小團體造謠，興風作浪，串連其他班學生誹謗師長，造成師生信任感降低，班級氣氛低迷；(2)情竇初開，愛戀的情緒會使孩子因此爭風吃醋或影響心情；(3)部分學生情緒控制不佳，又碰上青春期，衝突變多；(4)人際溝通技巧不足，男生白目，女生耍心機。

「雞婆」是我的命定天性，除了立刻應允，當然開始在腦海編織著準備與孩子會談的各類可能對話素材。

為了精準抓到孩子青春期的情緒暴風「眼」，我特別約六年級老師在我入班輔導前先來一場會談，談孩子引起老師憂慮的「具體」言行和舉止。我聽了四位級任老師的慈悲闡述，也聽了學務處廖主任、輔導室孟君主任從旁補述，老實說，我心中的回應是：還好啦！比起日前社會版校園霸凌事件，這些孩子實在「嫩」多了；不過，卻也因此，讓我對竹林國小六年級這四位級任老師「一葉知秋」的敏銳覺察力佩服有加，當然也對學務和輔導兩位主任勇於承擔的行政肩膀，讚嘆不已！

我在想，如果每一個中小學的教學行政都如竹林國小般的敏覺合作，何來校園霸凌可言？當然，接下來的考驗就落在我身上囉！

首先，我要確認孩子會「忤逆師長」、「情緒失控」的言語或行為，是知之而為？還是不知而為？後者又可區分為是主動而為？還是被動而為？

接著要考量是從「罪惡感」切入？還是從「羞愧感」切入效果好？

最後，我選擇從「作自己主人」的話題導入和全體六年級孩子的會談。

5 誠實上廁所

會有這份讓輔導主任嘆為觀止的「自編」對話教材，要歸功於我有隨時借用相機紀錄「五四三」畫面的習慣，那是當年年初全家環島途經臺東太麻里時，驚見一加油站布置得極有原住民風而按下的好幾個快門；還有路過南迴公路瞥見簡陋洗手間抓到的「投十元」鏡頭。

我特別在研磨咖啡機的投幣機上做文章，每一個問題「都」沒有標準或絕對的答案，我只想藉「啟動孩子思考的引擎」，「挑」起孩子說說自己想法的勇氣。我的會談提問如下：

有原住民風格的加油站

從「美感」帶動起孩子們的「善感」。

從「經營者的巧思布置」連結到「使用者的感恩回饋」。

1. 你喜歡這樣的休息環境嗎？
2. 你想對加油站的老闆說些什麼？
3. 如果有人想喝咖啡，你會建議他要投錢嗎？
4. 你認同老闆設這種投錢制度嗎？
5. 如果你是老闆，你會要求使用者付費嗎？

談完加油站，再談路邊的簡陋洗手間。

雖然全六年級學生多達一百二十人，把竹林國小視聽教室擠得水洩不通，但孩子在被鼓勵的情境下，大多能專注且自在的參與會談，對於我將引導孩子進入的「誠實品德」會談有相當正向的影響。

我引領孩子思索的，不在自己投或不投，而在：當有伴同行，念頭卻不同時，自己當下的決定是什麼？那個決定讓自己心安嗎？

探討一小段時間後，我留下回家功課：「過去的日子裡，有沒有曾經掙扎在要不要和好朋友同進退的抉擇困擾中？」「如果好朋友邀你做的是自己不能認同的事情時，該怎麼辦才不會傷到友誼呢？」

我相信孩子的可塑性，也相信每個生命都有他（她）存在的目的與價值，如何把握並善用每個孩子的可塑性，竹林六年級的百文、孟儒、玫吟及翔文四位令我讚佩的老師，立了極好的典範；如何對校園霸凌「防微杜

考驗「誠實品德」的洗手間

南迴公路偏遠山區的一間簡陋廁所。

門上工整的寫著「化妝室」三字，女廁還註明了「清潔費10元」喔！

使用完，面對門邊的投幣箱，投？還是不投？

漸」，竹林的學務和輔導聯手出招，也已經有了好的示範。

謝謝四位級任老師積極求援，才有機會讓行政人員回收再利用我這個退休資源！

「誠實上廁所」會談後，我收到讓我一夜好眠的回應：

宋媽：

孩子喜歡見到您，容許我這樣突兀的開場。我最近健康狀況不佳，沒有太多精神寫長篇信給您，倒是有幾點想與您分享。

齊齊這學期因為家庭經濟狀況沒有去安親班，自從沒有去安親班，回家作業完全沒寫，媽媽說她對齊齊完全沒有辦法，於是我留齊齊參加課輔班。雖然他已經非常專注的寫，卻因握筆姿勢以及思考謹慎的關係，書寫速度很慢。於是，仍然有一堆作業得帶回家寫，也許因此，他本學期情緒不穩定，很少有正向的表現（下課都在補作業）。

不過，因為您要來，他的面容充滿光彩，從與您見面後，剛巧我們遇到跨年，跨年我進行一場丟掉舊包袱（壞習慣）的儀式，他滿認真思索，接著就是昨天您的會談。

這個禮拜，從禮拜一開始，他非常不一樣，一口氣做了十件好事，這十件好事有撿垃圾，有協助同學訂正作業，有來問我哪裡需要幫忙，有幫忙提醒回座位等等，整個人又回到五年級容光煥發的樣子，我很喜歡他又找回自己的模樣。

我想，他又回到以前有正義感的樣子，也許與您有關，怎麼想，都覺得應該要告訴您，不管怎樣，謝謝您花時間與孩子談。

由衷感謝的小文

小文老師這封來信的主旨寫著「也許有關」，她推斷孩子會有向上向善的調整，「應該」與我回竹林有關；我再一次發揮我獨有的「自我感覺良好」的人格特質，理所當然的接下小文老師的恭維，也樂於分享我是怎麼在四位老師「要五毛」後，繼續進行「給一塊」的對話教學歷程。

小文是竹林國小裡讓我非常喜歡的一位認真老師！在看著她往自己相信的教育理念衝的那份「雖千萬人，吾往矣！」的執著熱情，我彷彿看到年輕時的自己；更令我激賞的是：年紀輕輕的她，早已擁有好幾把足以應付孩子情緒千變萬化挑戰的有效教學刷子。看到她寫著「最近健康狀況不佳」，我有幾分的不捨！對照那天我和六年級孩子會談「不是我的錯」繪本時，她全程攝錄下我的教學實況，希望有朝一日也能透過對話啟動孩子思考的引擎，就不難理解她身心的負荷有多大！當這麼一位「有理想、有抱負」的好老師遇到困境時，我會願意「要五毛，給一塊」，也就不足為奇了！

6 真的不是我的錯嗎？

參閱了孩子們對上一回「誠實上廁所」的不同回應：多數孩子說「使用者當然要付費，不管身旁好友怎麼看待這件事」；卻也有幾位表示「如果好朋友找我去做不好的事」時，心裡是會掙扎的，有一個同儕人際互動極好的女孩說：「拒絕似乎是一個很難完成的任務，我也是常常不懂得拒絕，好像需要很多勇氣耶！我沒有勇氣拒絕，讓我很厭煩！」所以，我決定選擇《不是我的錯》一書來引導孩子思量：在同一艘船上的正義感！

我的對話教學會讓孩子踴躍參與的主要原因，我相信在於我總是從「輕鬆的閒聊」開始！在輕鬆中，創意可以自在飛揚；在輕鬆中，價值可以如實展現！

當第一張投影片跳出眼簾時，孩子「啊」的一聲，因為人數好少唷！

有一班小學生、、、、、、

對話提問：

1. 這一班小學生共有幾個人？
2. 這班同學有什麼特色？
3. 你喜歡這班同學嗎？為什麼？
4. 事實上，這班同學有十五個人，猜一猜，還有一個在哪裡？

所有的提問，都沒有標準答案，老師要盡量鼓勵孩子發揮想像力，才有助於往下的「感同身受」對話探討。

對話提問：

1. 第十五個同學怎麼了？（除了「哭」這個答案，鼓勵孩子多想想其他可能狀況。）
2. 他為什麼哭呢？（老師要真誠的歡迎孩子說出引起哭的五花八門的原因。）
3. 面對同學的哭，你通常會採取什麼舉動？
4. 如果哭的是你，你會希望同學採取什麼舉動？

這張投影片的提問，是為了引起孩子「感同身受」的同理心，也希望挑起孩子「己所不欲，勿施於人」的正向情操。

接著一張一張「秀」出每一個同學對那第十五個「哭者」的回應，並邀請班上幹部「角色扮演」讀出每一張投影片的內容：

我雖然看到了，
也知道怎麼一回事，
但又不是我的錯！
那是在下課以後才發生的，
不關我的事呦！
我很害怕，
卻又幫不上忙。
只有眼睜睜在一旁看……。
我沒有看到事情發生的經過，
所以不知道他為什麼哭。

很多人欺負他，我一個人也沒辦法去阻止，這不能怪我呀！
很多人打他；其實，所有的人都打了他，雖然我也打了，可是我只有打一下下而已……。不是我先打他的，是別人先打的，所以不是我的錯。
難道我有錯嗎？我總覺得他有點古怪。
這件事情一點都不奇怪，他會被欺負，或許要怪他自己。
他一個人孤伶伶的站著流眼淚。
男生愛哭羞羞臉……。
雖然應該去告訴老師，可是我不敢耶！何況這又不關我的事。
他默默的在一旁掉眼淚，什麼也不說。大家也好像什麼事都沒發生過……。
他什麼都沒說，所以我們只有眼睜睜在一旁看。他自己應該大聲求救呀！
雖然我也打了他，但我覺得沒什麼，因為所有的人都打了他，所以不能怪我。

＊內容引自《不是我的錯》，出版社：和英文化事業有限公司；文／雷・克里斯強森（Leif Kristiansson）；圖／迪克・史丹柏格（Dick Stenberg）；譯／周逸芬。

當幹部一一輪流讀出投影片內容後，我問孩子，如果你是那第十五位小朋友，你對同學們的回應可以接受嗎？

可以接受的，雙手在頭頂連接成一個圓弧；不能接受的，雙手在胸前交叉。然後，又從第三張投影片開始再放映一遍，並邀請雙手交叉表示不能接受的同學說出不能接受的理由。

總結孩子不能接受的根源，幾乎都是認為：不能置身事外，總還可以做點什麼吧！當然比較有正義感的，就會直接開罵：沒品！打就是打，哪裡還分先打後打？或打重打輕？四十分鐘的一節課，真的「咻」一下就過了！好像還沒聊夠呢！我把「如何踐行正義感」的創意作業交給各班老師各自發揮囉！

陸續收到老師們打字整理的作業回饋，讀起來五味雜陳呢！有一位張同學，我想老師把他的回饋打成文字檔時，一定很心疼！瞧：

星期二宋老師來到了，她很久沒有來的竹林國小，而且還特別只邀請六年級，她說完故事「不是我的錯」後，我很有感覺，因為我不知道好像是三年級到四年級的事，那時我也有當過第十五個吧，那個時候我曾經有被排擠過一段時間，我記得當時沒有人要跟我說話，分組，老師都是抽號碼來決定的，可是跟我一組的人不是喔，就是衰，而且還一直都是離我很遠，還有上次說，跟他好的都是沒有用的，所以我不太想去畫畫班，雖然有老師跟我講說，我會處理，可是這件事越來越嚴重，那些人變本加厲的對我又一直說，「他就只會哭，哭死算了」，「什麼事都嘛只會用哭的」，要不然就是「他什麼都做不好，又只會一直哭」，而且一次比一次離我更遠，更遠，比萬里長城還遠，而且又在我上台報告我畫什麼的時候，在台下比小動作，還一直說「他畫的這麼醜，還來這裡做什麼啊！」然後就在台下聊天，然而我卻一直哭不出來，因為我已經把我的淚水給流完了，從那次之後我就決定要把這一件事永永遠遠的封住，可是現在我覺得是時候跟你說了，因為那天宋老師說完那件事，那些人就全都浮出來，我要謝謝宋老師，讓我封住的事全部回來了，我從小到大所有的事全都回來了，而那些事都是我放在最深最深的地方的事，而我唯一封住的是我的眼淚，那是我永遠再也忘不了的事。請小文幫我轉給宋老師，謝謝唷～

張同學雖然不是很流暢的表達，卻道盡了被隔絕的心酸！還好，我的這場對話教學讓他願意說出積壓已久的塵封往事，相信小文老師會有後續的扶持與關懷！

另外幾位同學發出的「正義之聲」，真是滿足了我之所以「好為人師」的理由，也正是六年級老師「要五毛」，我硬是要「給一塊」的原因啦！

經由「有效的問，接納的聽」師生輕鬆對話，班級經營就容易有共識！所以，退休後的我，仍藉各種機會、在各種場合，展示「意識會談」對話教學的魅力，為的是希望各階層老師們能善用「對話」，啟動孩子思考的引擎，進而享受「教導孩子學會覓食能力」的喜悅！

7 知是行之始，行是知之成

我非常認同「師父領進門，修行在個人」的哲理，一有機會，總要聽聽隨我研習過意識會談法的學習者踐行對話教學的心得。

很遺憾，在一次「意識會談」對話教學運用篇的分享中，我驚訝的發現：如此受現場研習老師感動的意識會談法，並沒有得到參與研討老師們課後「學以致用」的青睞，當然也就鮮少用於自己的教學上，原因如下：

A老師：

1、忙；2、忘了用；3、課程不見得需要；4、自己覺得直接解決比較快，無法顧慮到會談。

B老師：

1、會考完，師生雙方都向下沉淪；2、每個層次要設計許多問題與預想答案，有點累人（資料很細，很容易迷失其中）；3、沒有工作團隊，想出來的會偏向慣性思維，而且礙於時間有限，完全自由的課程，每堂課都要這樣設計，會搞死人；4、學生沒有意識會談前置心理準備及如何完這個遊戲規則，慣於老師餵食知識，尤其國中生非常不擅長或不喜歡公開發表自己的看法。

C老師：

「意識會談」用在教學上，以國語來說，如果要有一些完整的討論，需要至少20～30分，擔心會壓縮單元的授課時間。

不過，我倒是會藉由討論的故事或文章加深小朋友的印象，之後遇到同樣的事情，也能馬上舉出「就像是誰誰誰」也是一樣的例子。在輔導上，也很常用。例如小朋友哭泣不說話，如果問她：「怎麼了？」她也是不知道從何說起……所以我就會問她：「為什麼哭呢？是跟同學有關嗎？哪一位同學？」從人、時、地，再到事、物等。接著會問她：「她這樣做，讓你感覺如何呢？」之類的～

但，如果想到讓孩子的思考引擎可以動起來，課堂上的「時間問題」，還是可以克服的，我決定要利用暑假先來設計下學期一年級國語課文的四層次提問看看。

D老師：

這兩年，比較少用意識會談，名正言順的理由，一是讀研究所課業忙不過來，二是前年轉換四年級導師，得全新備課的時間比往常多，就沒時間設計「四層次」問題。去年轉行政職，一切從頭學起，忙亂疲憊中，更是無法好好設計問題來教學。

其實加減也有用到，可是總覺得沒好好設計準備，帶領的狀況當然不精采，有一種感覺，好像目的性很強的討論。總之，自己對意識會談材料的消化功夫下得不夠深，設計問題時，會被自己的經驗侷限。

不過，「意識會談四層次提問」其實跟目前教育部強調的閱讀理解應該是能結合的。

E老師：

因帶班關係，總有許多瑣事雜務讓我每天團團轉！回到十年前，「客廳人」朝陽明山上的悲憫學堂取經記憶！

十年前一起上山學藝，希盼自己習得一身武藝日用平常。下山後卻是迷在路中，忘了自己要與學生建立對話關係的願景和用功。同修幾人持續日用平常，雖然瞭解它的好，自己卻因一個「懶」字忘了初衷。

迷路因讀不透材料，跟著各個主流奔走四方，未能萬流歸宗；迷路因為設計問題不夠口語化，看無反應，所以自圓其說，自己說的比台下的多，便成了開示或演講；迷路因為自己遲鈍，讀不出別人的感覺，僅能抓關鍵詞回應，貼不到自己和分享者的心；迷路因為層次自己搞不出，自亂陣腳，草草了事；迷路因為自己預設立場，帶著團體往自己設定好的方向前進，真主意假商量，大家心知肚明，下次就不跟我玩了；迷路因為給自己太多藉口，我知道那是好的，卻置之高閣，讓珍珠滿塵埃。

只剩十年教職生涯，難道十年後又再懺悔，機緣不再，珍愛！惜愛！

F老師：

訪問了學校曾學過意識會談的老師：覺得意識會談法如何呢？有沒有用呢？

有一位在我心目中算是認真的老師說：意識會談法很好，但要花很多時間設計問題，所以沒有在班上實行。

對啊！我自己曾在五年級班上利用國語課本的內容設計提問並與學生討論，很多學生的聯絡簿日記回應他們很喜歡這樣的上課方式，但我並不是每堂課都用這種方式，因為還有課程進度要上，畢竟考試不考學生的討論能力，家長未必全盤接受這種上課方式，也擔心學生考試考得不理想……如果親、師、生、行政都有共識就比較好辦。

意識會談是一種與自我生命對話的態度，其實可以用在很多地方，不只是對話教學，自我對話是我受益最多也是最常使用的，回歸到自己為什麼不常用的原因，我認為是沒有真正瞭解意識會談的好處及不使用意識會談的「可惜之處」，一旦真正瞭解，真正去用在自己的日常生活中，一定會越用越歡喜，越用越上手，到最後是「用而無用」了，也就是日用而不知了。

聽到老師們雖然知道武功卻沒有勤練、並加以日用，我問自己：是什麼動力讓我在經歷與這幾位老師有著相同教學困境（教師雜務多、授課時間緊）的情況下，仍對「意識會談」情有獨鍾，甚至死心塌地的運用到爐火純青的地步？

我想是「我在意！」的心態：我在意與學生的對話關係，我在意當經師也要當人師，我在意自己的教學不要一成不變，我在意每一天的教學都是受學生歡迎的，我在意那「教學相長」的滋養動力，我在意！我真的在意！

對囉！就是無數的「我在意」鞭策著自己要去啟動孩子思考的引擎！無疑的，「師生對話間的有效提問」就是重要的開關！

下決心要整理自己多年來的「意識會談」對話教學實錄，希望幫助更多老師與孩子的對話，不只有效，也能有笑！

第二章

與「意識會談」結緣

1 「意識會談」是什麼？

我跟陳怡安教授學習的「意識會談法」，有效的幫助了我經營出「和諧的師生對話關係」。陳教授對意識會談法所下的定義是：

意識會談法

基於對生命的肯定，
透過對話的機制，
激發參與者的意識狀態，
營造和諧的共同體。

我對上述定義的每一句，都有我的詮釋！

基於對生命的肯定：每一個生命都希望被肯定！在「被肯定」中長大的孩子，有信心！所以，當我與孩子對話時，對這個生命的肯定與否，會影響到我對他所發表的意見「升值」或「貶值」。孩子其實是非常敏感的，他說的話，是不是全然被我聽到、被我聽懂，也影響著這個孩子後續與我的對話動力。

透過對話的機制：人，生而好談！透過對話可以相互啟發，刺激多角度的思考，不斷的溝通，建立彼此共識，還可以進一步消弭紛爭。有別於一般傳統教學的單向講述，老師可以聽到更多元的孩子心聲。要謹記：提問的目的，是要讓參與者能回答；所問的問題，要大部分的人願意回答。

激發參與者的意識狀態：團體討論可以創造「人人得參與，個個被接納」的機會，讓彼此在對話的訊息激盪中，增加不同意象的刺激，創造改變意象的機會。因為思考的引擎被啟動，有一群思維比較窄化的孩子，藉由聽聽同年齡孩子的經驗、聽聽同年齡孩子的語彙，可以刺激自己更寬廣、更立體的意識。

營造和諧的共同體：陳怡安教授說「自覺是治療的開始」；我則相信，當一個人「有自覺」，就必定「能自決」。組織共事，最期待的當然是出於自我決定的力量，才能自我負責！

2 意識會談的「四層次提問」設計

我是怎麼與「意識會談」對話教學結緣的呢？

先來談談帶領「意識會談」前的問題設計，我習慣稱它為「四層次提問」，也就是回應到人類的四種學習能力（**記憶**、**覺受**、**詮釋**、**創造**）而提問。大致是如下的四個層次：

第一層次——引導參與者「消化客觀材料」的記憶性問題：

就是問材料中出現的內容，換句話說，學生只要運用五官的直覺能力，就可以很容易回答得出來，而且幾乎每一個學生都可以答對。這個層次的問題設計，目的在激勵學生的參與，老師可以從學生的回答中，多給予肯定，進而喚起學生更多參與的信心，樂於聽自己，也聽別人。

第二層次——引領參與者「提出對客觀材料之個人回應」的覺受性問題：

這個層次的問題是要激發學生的想像力，所以提出的問題可以讓學生稍加思考，也就是運用「直觀」的學習力對材料做回應，雖然容許有一些些自己的獨特感覺，但仍要尊重材料本身的客觀性。透過這一層次的討論，可以幫助學生進一步思考作者安排在主題背後的寫作動力。

第三層次——引發參與者「對材料加以詮釋」的詮釋性問題：

這一層次可以藉由個人「抽象」的、「概念」的學習能力，達到「驗證性」的目的，問題的設計要能引出個人的生活學習經驗，藉以解說材料中作者的用意。通常進行到這個層次，團體間已經達到彼此皆能本著「開放的心靈」去聽，也能接受團體中不同的看法。帶領者在這個層次要善用參與者的材料，掌穩意識流，這個層次往往是能否引發「靈光爆破」、達成團體共通意識流的重要引信。

就小學教育而言，這一層次可以檢驗孩子的學習結果，教師也可以藉孩子的反應，檢討教學目標的設定是否符合實際需求，以作為下次目標訂定的參考。敏感的老師，還能因孩子「個人經驗」的表述，技巧且適時的提供輔導與協助，但是帶領者需特別留意：千萬要避免自己的價值判斷介入會談，以免阻礙了團體意識流的自然形成。

第四層次——激發參與者「思索人性本然面深層掙扎」的創造性問題：

經由前一層次會談中，因個人經驗而激發出的開放性詮釋內容，正好將材料自然的消化到人性中，也就是藉由人的「創造力」去和「真理」對話。融洽的意識會談，有時還能幫助個人解開掙扎性的問題，找到行動力的源頭活水，甚至得到永恒真理的啟示。

3 意識會談對話教學初體驗

因為參加陳怡安教授主講的「意識會談與共識建立」激勵生命方法研習的美好體驗，回學校後，我依樣畫葫蘆的循著陳教授所傳授的「四層次提問」，和小學六年級學生進行了一場師生都感欲罷不能的對話教學。

過去的教學方式，我會直接講述作品的名稱、年代，畫家生平，然後讓孩子們模仿或創作。雖然，我的美勞課一直是多數孩子的首選，但走到教學的瓶頸時，自己竟會鞭策起自己來！

我第一堂運用「四層次提問」的意識會談法課程設計是：認識雷諾瓦！

畫作是帶領學生參觀「黃金印象——奧塞美術館」名作中，最受學生喜愛的雷諾瓦之作《彈琴少女》。

當放出《彈琴少女》幻燈片時，學生「哇～」了一聲！

我問：喜歡嗎？

幾乎是異口同聲的說「喜歡！」

我的「四層次提問」問題設計如下：

第一層次：

畫面上有幾個人？

她們在哪裡？

她們在做什麼？

您還看到哪些景物？

在畫面上可以找到多少顏色？

第二層次：

這幅畫最主要的顏色是什麼？

這個主要顏色帶給您什麼感覺？

您想彈琴少女彈的是什麼曲子？

雷諾瓦的《彈琴少女》。

旁邊陪伴的人是誰？
說說看雷諾瓦安排陪伴者的用意在哪裏？
畫裡的兩個人有些什麼對話？
誰願意來表演她們的對話？
從這兩個人的姿勢判斷她們的關係如何？
如果改變一些姿態，會有什麼不同的感覺呢？

第三層次：

從這幅畫的欣賞，有沒有讓你想到生活中類似的情景？
你認為畫家想透過這幅畫表達什麼意涵？
你有沒有和好朋友一起做過什麼讓你懷念的事情？

第四層次：

從這幅畫的內容，您有沒有學到什麼？（如：學習氣氛的營造、興趣的延續等。）
現在老師要介紹這位畫家的故事喔！
聽完，請你送給畫家一句話關於你對他的欣賞：
（高年級的學生，甚至可以引導思考：作品內容與作者成長背景間的關係。）

雖然這是我不純熟的第一次提問練習，但，我清楚看到學生們由於第一層次「記憶性」的問題簡單好答而回應熱烈，因為只要視力正常，幾乎都可以回答得出來，所以參與度很高，即使學習稍顯落後的學生，也有勇氣搶著說。一時間，教室裡的對話氣氛，好濃好濃！也好暖好暖！

第二層次屬於「覺受性」的問題，引發了學生們的想像力，因為沒有「對錯、好壞」，激起學生們的許多聯想，最重要的是讓平常「很怕答錯」的學生放膽說出心裡的想法。天馬行空，任我遨遊！不過，都還是在這幅畫的議題討論上。我觀察到孩子們已經跳脫對一幅畫的「平面」思維，而有了立體的個人見解。

第三層次是「詮釋性」的問題，讓這幅畫走進了孩子的生活經驗中。我驚訝於曾經認為話多、嘴碎的孩子，其實是可以侃侃而談他們的生活故事，只因過去的權威教學、進度壓力而犧牲了這群孩子的發表慾望，更重要的是：因為容許對話，這些平時喜歡說「五四三」引人注意的孩子，反倒專注許多。我反省著自己的教育理念！

第四層次是「創造性」的問題！

誠實的說，因為我還是想把學生帶回到美勞課的教學目標——認識畫家生平，而設計了這些提問，不然，從第三層次的「你有沒有和好朋友一起做過什麼讓你懷念的事情？」可以很順暢的發展成「請畫下那深刻的畫面」，也是不錯的點子！（要考慮的是：萬一有孩子進入「眼高手低」期，害怕下筆；或有孩子沒有這樣的生活經驗，教學目標就要打折扣了！）

當我在述說畫家的生平故事時，我享受了學生前所未有的安靜聆聽！我很肯定：這份專注來自對話教學的效能，當然，也印證了：提問有層次，教學有深度！

陳怡安教授的意識會談法，所帶給我的教學相長，是傳統單向講述法體驗不到的！

4 小學生與「戰爭」對話

有了「認識雷諾瓦」的美好對話經驗，我對「意識會談法」愛不釋手！繼續在我美勞課練功的教學單元是：與「戰爭」對話——談《格爾尼卡》！

「格爾尼卡」原來是西班牙巴斯庫地方一座古都的名字。一九三七年4月26日，西班牙人民戰爭正激烈的進行，支持佛朗哥政府的希特勒領導的德國空軍，突然襲擊格爾尼卡，結果整座古都幾乎全部燒毀，造成數百名人民死亡。當時住在巴黎的畢卡索聽到格爾尼卡毀滅的消息，便以此為題材，將內心受到觸動的情感描繪出來，這便是《格爾尼卡》這幅大作。

我在參加陳怡安教授五天四夜的「意識會談與共識建立」研習會時，曾驚艷於這幅畫因為參與者的意識交流，而讓畫不止是畫！

我把陳教授在研習會上的會談帶領，微調為小學六年級學生比較能理解的遣詞用字，教學的目的在透過有效提問，引導十一、二歲的孩子認識：「畢卡索運用黑、白、灰的色調來表現畫境，使得整幅畫的畫面看起來如同服喪般晦暗。」

幽暗的視聽教室，放出《格爾尼卡》時，現場「唉唷～」聲遍野！

我問：怎麼了？

畢卡索的《格爾尼卡》。

「好醜！」「亂七八糟！」「我不喜歡！」……
我概要說了這幅畫的作畫背景，然後問：「誰看得出有哪些內容？」（這是第一層次「記憶性問題」的提問！）
「說說看，你好像聽到哪些聲音或對白？」（這是第二層次「覺受性問題」的提問，目的在讓學生「走進」畫面情境中。）
「我們來猜猜看，畫這一幅畫的畫家，作畫當時有哪些心情？」
「你自己也曾經有過這樣的心情嗎？」（這是第三層次「詮釋性問題」的提問，目的在讓畫「融入」學生的生活中。）
「經過這樣的討論，說一說你對『戰爭』的想法！」
「為避免戰爭發生，我們人類要有哪些努力？」（這是第四層次「創造性問題」的提問，目的在引出學生對生命「與生俱來」的慈悲。）
多年來，在我的美術鑑賞教學中，經常藉用這四層次提問來引出每一個孩子對藝術品的感覺，對小學生而言，雖然較少能深談到第四層次，但站在「以鑑賞教學為主的美勞教育」觀點上，「意識會談法」的四層次提問，不失為美勞教師可以輕鬆引導孩子愉快學習的一種教學策略。
要留意的是：小學生的生活經驗有限，問題思考又容易天馬行空，尤其班級中難免有些喜歡譁眾取寵，因而造成意識亂流現象，教師如何能在尊重孩子的發言權下，又能穩住意識流達成教學目標，對帶領者的確是一大考驗。

我比較幸運，從取經下山後，可以馬上在擔任的美勞課上練功，比起其他有考試壓力科目的任課老師，美勞課因為沒有部頒的制式課程進度，擁有比較彈性的時間，也可以比較浪漫的朝教改目標之一「把每一個學生帶起來」的方向努力。於是，我得以享受了「意識會談」對話教學所帶給我「教學相長」的實質好處！

一用再用的意識會談法，對我幾乎是日用平常了！我體驗到「意識會談」對話教學有別於其他教學法的魅力所在是：人人得而言之！而且隨著提問層次的不同，學生思考引擎的啟動幅度也不同，更重要的，可以有更多不同生活層面的經驗交流。

5 讓更多人與「意識會談」結緣

因為口耳相傳，我有機會到處去示範、宣揚「意識會談」對話教學，不僅和小學生對話，也和補校學生對話！

分享兩位觀課老師對我示範「意識會談」對話教學所寫下的心得回饋。

第一位是宜蘭縣同樂國小的陳韋寧老師：

三天的研習，每一天都充實與驚喜。第一天，宋老師邀請了班上9位同學（國小三年級）親臨現場，直接做了一場對話教學演示。9位同學在七十幾個大人圍觀下，絲毫不受影響，完全投入宋老師的對話帶領。這讓我很訝異，在陌生環境之下，他們竟然能夠如此專心！迅速記下宋老師的提問內容，希望能窺知其奧妙。

宋慧慈老師帶領

對象：三年級學生9位

素材：佛教故事《水牛與大黃狗》

課程開始

【引起動機的提問】

1. 誰要和我們談一談你現在的心情是什麼？（小朋友：很開心……看到很多人……）
2. 有很多人？你覺得有多少人？（小：用乘法可以算……）
3. 怎麼算？（小：每一排有10個，有7排……）
4. 三愛有什麼特色？（小：愛自己、愛朋友、愛自然）
5. 哪一些是屬於朋友？
6. 宋老師也是你的朋友嗎？
7. 你做了哪些事是愛我的？
8. 你如果做哪些事是愛自然的行為？

9.好，今天要跟大家討論的是一種動物。讓你們猜？

【故事敘說與提問】

故事：草地上有一頭低著頭吃草的水牛。

10.你看過水牛嗎？

故事：這頭水牛比較特殊，牠的鼻孔常常噴氣。

11.牛有鼻孔嗎？牛的鼻孔跟我們有什麼不一樣？牠為什麼要這樣常常噴氣呢？感覺上牠好像在嘆氣。

12.你有沒有嘆過氣？你為了什麼嘆氣？

故事：有一隻動物經過了。

13.你猜是什麼動物？

故事：有一隻大黃狗經過，看見水牛無精打采的樣子，好像有什麼心事，牠就跟水牛說：「水牛哥，水牛哥，我很難得看你抬起頭來，是因為你的脖子有問題嗎？」

故事：水牛深深的嘆了一口氣說：「其實我的脖子並沒有問題，不過我覺得在這個世界上偉大的動物太多了，像我只會拉車、只會拖犁。」

14.拖犁你們知道嗎？

故事：「我這一頭水牛真是太沒有用了！所以我都一直不敢抬起頭來。並不是我的脖子有問題。」

故事：大黃狗說：「怎麼會呢？牛大哥！你是全世界最偉大的動物呢！因為你會幫農

人耕種，對人類的貢獻是最大最大的，我覺得你是太謙虛了！太自卑了！」
故事：老水牛聽了大黃狗的話後半信半疑的說：「我真的是對人類有貢獻的動物嗎？真的嗎？」

15. 如果水牛來找你，問你說：「你覺得我有用嗎？」你會怎麼回答？
16. 你自己有沒有像水牛一樣覺得自己很沒用的情形？
17. 有沒有覺得自己很沒用、心情很挫折，有沒有實際的經驗，你希望誰來幫助你？你希望他怎麼安慰你？
18. 在我們三年愛班你有沒有遇過我們班上的同學哪一位曾經是很挫折的？
19. 我們可以怎麼樣協助這個小朋友？
20. 我們這一次的寒假作業分為三部分，第一部分是班級指定的。第二部分是家長指定的。比如說哪一些是家長指定的？
21. 第三部分是自我精進。我們也分三部分，是什麼呢？（小：培養一個好習慣、學習一個新本領、幫助一個新對象。）
22. 寒假你們要培養的好習慣是什麼？
23. 你要學習一個新本領，你的新本領是什麼呢？
24. 最後我要幫助一個新對象，你要幫助誰？
25. 你要幫他什麼？

師說：我們的寒假作業跟這一篇文章有關係，我們要幫助一個新對象，讓他對自己有

信心，在幫助他之前也要對自己有信心。

宋老師帶領功力已經是爐火純青，不過她也說明一開始並不是要把寒假作業這個部分帶進來。她原本希望今天有一位特殊狀況孩子會來，這孩子可以分享他如何「走過來」的歷程，但今天因故無法參加。所以老師才靈機應變想到寒假作業跟這個主題有關，於是帶出「幫助一個新對象」這個部分。因此我們可以發現，這樣的提問是經過設計的，而對話是靈活應變的。帶領者在帶領時，心中會有一個方向，再試著從對話中慢慢微調與統整出最後的結論。

如果從結構面來看，宋老師一邊講述故事（第一層次），一邊對故事中有可能小朋友較難理解的部分提出澄清（第二層次）。再引導出孩子生活中的經歷，透過對生活的觀察（第三層次）進而提出行動策略（第四層次）。

整場示範教學我看到了宋老師對孩子每一個發言的那種在乎，全然的接納，而這樣的氣氛也讓孩子更願意去分享。我發現，宋老師的眼神專注著孩子的發言，並立即給予回應，在探問時也隨時留意現場孩子的狀況，讓每個孩子都能參與。

宋老師回應孩子的內容我覺得尤其精采，有些孩子無法精確表達，但宋老師在聆聽之後，能為他們整理出更精準的語言，增強孩子的信心。

例如，宋老師提出「當水牛來找你，你會對他說什麼？」這個問題，有一位同學發言：「我會教水牛拉車……」，宋老師在聽完孩子的說明後回應：「嗯～你會給他一個希望！」如果我是那位學生，我會覺得：「哇！我好棒！我給他一個希望耶！」這無形之中又會激勵孩子下次勇敢發言。

這次的對話教學，除了讓我學習到有效提問的方法，更讓我見識到宋老師在班級經營上的巧思。無論是對話中提到的「我的寒假作業」，或是會談後宋老師分享他們班上進行的「班級法庭」、「成語作文」、「每日一句」（用一個成語紀錄當天三愛所發生的事，並說明）、「成語博士」（用一個成語來代表昨天三愛所發生的一件事）等活動，都再次證明這位口中說即將要退休的老師，對孩子的愛與關懷不曾稍退。

花蓮縣宜昌國小林嘉琦老師以「那個充滿『心意識』的夜晚」為題，分享了我去花蓮帶領特教老師經營跨校策略聯盟示範的一場「意識會談」對話教學，對象是大人唷！

我喜歡這張照片！因為所有的人都一起看向宋老師。平常要孩子們一起看向我們是多難的一件事情，但此時此刻，我們一起專注於同一件事情上，聽著同一個訊息，但卻在心裡面激盪出屬於自己的「意識」。我相信，凝聚就是意識流動的前導車，心的迴盪則是意識發酵最濃最醇時。

意識會談搬到補校教室，我看到不同的國家、不同的膚色、不同的文化背景、不同年齡層的大家相聚在同一間教室中。好奇，宋老師會如何將這麼多的不一樣，激盪出共通的「意識」。看著，大家一樣凝視影片的雙眼；聽著，不同文化下卻有的共通「母愛」光輝，一篇一篇的動人分享，對旁人而言或許是聽故事進而感同身受，對當事人而言卻是人生中難以忘懷的重要時光，我看著補校學生說話時流露出的疼惜眼神，心也不自覺得跟著擺盪著。

這堂課，我感到處處驚喜，驚喜著宋老師再一次有技巧的帶領，更加驚喜著學生們的熱於參與、甚至說出高層次的思維。一部短短的三分多鐘影片，卻沒想到可以用意識會談的方式，漸漸的把影片中的核心點放大，再放進每個人的心中，進而激盪出美麗的意識思想。

從這堂課中，我學習到除了文章之外，生活處處存有值得「意識」的力量。一部短片，在宋老師的帶領下，藉由四個層次的技巧性提問和轉換，以「無縫接軌」的方式，讓人在察覺不出刻意的轉換層次中完整的帶完了整個會談過程。學生的反應，宋老師總是用支持的力量去支持著他們所表達的意識，即使這個意識很小或有點兒歪了，也正因如此，學生們能在無條件的被支持鼓勵下勇於拼湊自己內心的意識，進而將這樣的意識結合過去的經驗而發光。這樣的過程，不僅僅對於喜歡發表的學生有收穫，對於較少發言的學生，也能從他人的意識流動中，互相融合和激盪。

這些外籍配偶或是奶奶們，或許在他們的人生中為了適應不同的國家、不同的家庭、工作生活的壓力，早已忘了或未想過自己其實也擁有過這些意識，暫時掉了。或許，在未來的補校教學中，可以藉由每次短短的半小時，帶領這些大人學生們激盪出不同的意識想法，在自

2012 年 11 月 23 日，宜昌國小補校三年級教室裡的意識會談。

己的學校教學中，也可以透過影片的討論、生活事件的現象等，隨時給予孩子不同的意識思考，讓學生們能「知所為而為」，也能更加覺知自己的行為和意識。

教學方法百百種！

我獨愛「意識會談」對話教學！

所以，任何時間、任何地點，我都在修練意識會談「提問與傾聽」的功夫！

漸漸的，我歸納出影響自己對話教學的效能是：「提問有層次，教學有深度！」也更願意透過分享，帶給基層老師另一扇教學的視窗！我開始撒播對話教學的種子，讓「意識會談法」在臺灣、甚至海外有機會開花結果。

6 「意識會談」閱讀教學

宜蘭縣是我第一個撒「意識會談」種子、而且已經生根發芽的好所在，我在自家客廳成立了「客廳讀書會」，兩週聚會一次分享各自運用「意識會談」經營班級的教學心得。

四結國小黃淑芬老師駕輕就熟的善用「四層次提問」設計了兩本繪本的意識會談閱讀教學，讓我讚嘆不已！

「99年度偏遠地區國民中小學學生閱讀推動計畫」教學活動設計

單元名稱	來我家玩	學校名稱	宜蘭縣四結國民小學
教學班級	二年忠班（99第一學期）	設計者	黃淑芬
教材來源	繪本《來我家玩》	教學節數／總節數	7節
教學目標	1. 讓孩子瞭解地圖在日常生活中的功用，培養孩子基本的圖像思考及組織能力。 2. 藉由書中的地圖遊戲，教孩子左轉、右轉、前進、後退及數字等生活化的基本概念，進而能理解距離、地標、方向等符號。		
教學資源	老師：《來我家玩》繪本、學校地圖、膠帶、彩色標籤貼紙、信封、拼圖、尋寶學習單、相機。 學生：鉛筆。		
教學流程			
教學步驟		時間	評量方式
一、準備活動 1. 老師手裡拿著一份地圖，請小朋友猜猜看，老師手上的東西是什麼？		5'	發表評量

2. 地圖有哪些用途？ 3. 你看過哪些人用過地圖？		
二、發展活動 繪本導入：導讀《來我家玩》繪本——幾個好朋友要去參加阿友的慶生會，但常走的橋樑卻斷了，小朋友們怎麼樣才能順利來參加阿友的慶生會呢？而在大家前來的途中，又意外發現一個很棒的地方，他們會用什麼方式告訴阿友呢……	10’	聆聽評量
三、討論活動：四層次提問 第一層（記憶性） 1. 故事裡提到哪些角色？ 2. 阿友的媽媽為什麼想請阿友的朋友來玩？ 3. 平常大家走的橋正在施工，朋友們過不來阿友家，媽媽想了什麼辦法解決了這個難題？ 4. 阿清、小惠和阿悟在往阿友家的半路上相遇，他們一起遇上了什麼事？ 5. 阿友的媽媽是怎樣畫地圖的，能讓阿清、小惠和阿悟找到阿友的家？ 6. 阿清、小惠和阿悟用什麼方法讓阿友找到養貓的老婆婆家？ 7. 阿友對地圖有什麼感覺或想法？ 第二層（覺受性）	25’	發表評量

8.聽完這個故事，你的心裡有哪些感覺浮現？ 9.你對地圖的感覺是什麼？ 10.在這個故事中你最喜歡哪個角色？為什麼？ 第三層次（詮釋性） 11.從這個故事你學到地圖可以告訴我們哪些訊息？ 12.當我們要告訴外地來的人「四結國小」在哪裡，你覺得這張地圖要畫出或標示出什麼，讓外人才容易看得懂並能找得到？ 13.不知道路怎麼走，除了看地圖，還有什麼方法可以到達目的地？ 第四層次（創造性） 14.聽完這個故事，你最大的學習是什麼？ 四、延伸活動 1.寫生活習作第一單元第三課習作一。 2.寫生活習作第一單元第三課習作二。 3.寫生活習作第一單元第三課習作三。 4.校園尋寶歷險記。 5.拜訪同學家。 6.寫日記——拜訪同學家日記。	240'	實作評量

「99年度偏遠地區國民中小學學生閱讀推動計畫」教學活動設計

單元名稱	用愛心說實話	學校名稱	宜蘭縣四結國民小學
教學班級	二年忠班（99第一學期）	設計者	黃淑芬
教材來源	繪本《用愛心說實話》	教學節數／總節數	3節
教學目標	1. 能使用適當的語彙和書信，表達對人、事、物的觀察與意見。 2. 學習以將心比心的胸懷，體會他人的立場，體諒別人。 3. 能學習分享、傾聽、探索對自己以及與自己相關人事物的感受。 4. 能讀懂同學在書信中所表達的情意。		
教學資源	老師：《用愛心說實話》繪本、信紙、信封、郵票。		
教學流程			
教學步驟		時間	評量方式
一、準備活動 1. 老師手中拿著《用愛心說實話》繪本，指著封面上的字念給學生聽，接著問：「用愛心說實話」這六個字，由你來畫圈詞，你會怎麼畫？ 2. 老師問：「愛心」、「實話」、「用愛心」、「說實話」、「用愛心說		10'	發表評量

實話」這幾個語詞指的是什麼意思？ 3.老師指著封面問學生：「封面上除了用愛心說實話這六個字以外，你還有看到什麼？」再猜猜看，從你所看到的圖片和文字，這本書大概在講什麼樣的故事？		
二、發展活動 繪本導入：導讀《用愛心說實話》繪本——媽媽厲聲告誡莉莉：「不可以說謊」。但是當她開始說實話之後，卻得罪了許多好朋友，這令她難過且困惑極了。看來，說實話似乎沒有這麼容易……	10'	聆聽評量
三、討論活動：四層次提問 第一層（記憶性） 1.這本書的書名是什麼？ 2.書中出現哪些人物？ 3.故事開始媽媽要莉莉做什麼事？莉莉做得如何？這時媽媽有什麼反應？莉莉面對媽媽的反應，做了哪些事和決定？ 4.當莉莉決定從今以後都要說實話，她說了哪些實話？當她實話實說時，別人對她的態度是如何？為什麼這些人都要遠離莉莉？ 第二層（覺受性） 5.體會看看當莉莉說實話，卻引起很多人討厭她，她的心情是怎樣的？她可能會在心裡告訴自己什麼話？	20'	發表評量

6.再體會看看那些被莉莉當眾爆料關於自己的糗事或過錯，會有怎樣的心情？他們可能會在自己的心裡說什麼話？

7.當莉莉將她的困擾告訴媽媽時，媽媽對她說什麼話來開導她？對於媽媽說的話，莉莉體會到什麼？

8.發生什麼事情，讓莉莉學會用愛心說實話？莉莉怎麼使用愛心說實話的態度，來化解與改善自己與他人間的關係？

9.莉莉依舊說實話，但她用什麼方式來說？用這樣的表達方式能對別人和對自己帶來什麼好處？

第三層次（體驗性）

10.當你發現自己出糗或犯錯，又被別人知道，別人怎麼做會讓你覺得舒服些？會讓你覺得舒服的原因是什麼？別人怎麼做會讓你覺得不舒服？讓你覺得不舒服的原因是什麼？

11.說說看，你什麼時候像莉莉一樣是用愛心說實話幫助了別人，讓別人開心？看到別人開心，你的心情是什麼？你判斷是什麼原因讓你們成功？

12.什麼時候你像莉莉一樣是用愛心說實話幫助了別人，但別人卻不開心？看到別人不開心，你的心情是什麼？你認為是什麼原因讓你們不成功？

13.白太太對莉莉說她的花園很亂，本來非常不開心，在莉莉來向她道歉以前，白太太的心情改變了，她不再生莉莉的氣，什麼因素讓白太太有這樣的轉變？你認為白太太是一個什麼樣的人？

第四層次（創造性）

14.送一句話給莉莉你想對她說什麼？ 四、延伸活動 1.「說實話」是一種良好的品格表現。從故事中我們也學到實話像藥一樣苦口，讓人難以下嚥。如果我們能學習用「愛心」般甜蜜的態度來說實話，就能改善別人對我們的誤解和避免積怨，在不知不覺中失去珍貴的友誼。 2.寫一封道歉信給你的朋友，把要跟他道歉的事情詳細寫出，並說出自己的改善計畫。 3.老師指導學生書信和信封的寫作格式，並將信寄出。	80'	實作評量

7 教師的思考引擎也被啟動了

宜蘭還有一位林淑君老師把「意識會談」對話教學用在陪原住民孩子閱讀，也有令人驚喜的成果。她與意識會談的結緣也是一絕！

90年8月的那一個暑假離開學前啟智班，轉換跑道真正走進國小教育的殿堂，對於九年一貫課程的精神早有所聞，也深表認同，加上與自己之前的特殊教育理念──「強調以學習者為中心，培養孩子帶得走的能力」不謀而合，於是，帶著一顆學習心期盼點燃孩子蓄勢待發的學習火花。

幸運的是初轉任的學校超迷你，全校只有18人，校長充分授權，老師擁有全然的教育自主，週三下午允許教師選擇自己想精進學習的課程進修，也因此開啟了我對小學教育更多的感觸與認知。

還記得——當我看著網上柯林國小對話教學研習，心被挑動著，於是，我報名了，當天研習結束，什麼是對話教學我仍莫宰羊，但是，整個人卻是漾滿生命力，強烈感受到教育的現場和我產生密切的關連，整個課堂間的參與充滿了對自己生命的推敲與反思，學習氣氛輕鬆自然，沒有教條式的填鴨卻有對自己思維抽絲剝繭的鬆動，很不一樣的研習安排，於是，透過慧慈、華沛夫婦倆的熱情邀約，開始接觸中華民國激勵協進會辦理的研習活動，真正開啟自己自我學習的生命扉頁。

「教育動力與九年一貫」是【學校教育三年有成】的序幕，深入探討九年一貫課程的精神，讓教師、家長與行政三者透過對話與溝通，學習如何建立教育的夥伴關係，透過參與者的智慧分享，讓我從教育基本的精神切入課程的安排首重對學習者興趣的考量，把學習的主導權還給學生，也深切的體會到透過對話的精神的落實，有助於建立較平等的互動關係，帶著許多值得一試的方法與被接納瞭解的關懷，迎向自己的教育路途。

【學校教育三年有成】1的續曲「組織再造與共識建立」，我當然也不會錯過，我們透過真誠對話，體驗面對共同困境，感受激發群策群力動能的驚豔，允諾彼此攜手落實九年一貫課程精神的共同願景，建立共享豐碩成果的生命共同體。還記得那次研習激盪出許多與會者的使命感，不再停留於被動的抱怨，很多人驚爆出來的承擔性、主動性，相信也在校園的某個角落開花囉！而我自己也因為課程中的澆灌，更有勇氣邀約同事一同努力共創孩子學習的新樂園。

【學校教育三年有成】3「團體討論與有效溝通」是自己最期盼的學習，當自己的背景鷹架已經飽足到足以產生勇氣來說真話時，如何將自己感受到的感動與理念，透過他人能接受的方式傳遞呢？在這次的研習中有著具體的示範演練，不同以往的我們採用會議進行方式，不管是實際參與會議討論的人或在旁觀察的人，都能透過這樣的參與，充分檢視自己在周遭會議進行時，自己最常呈現的狀態，繼而達到如何讓會議達到自由表達意見的氛圍，以達成會而能議，議而能決，決而能行的功效。謹記著諸多的叮嚀與提醒，回到職場的試煉，更能營造師生良好互動的氣氛，從孩子的回應中，更清楚的瞭解每個孩子的思維，也更貼近孩子的心。

「對話方法與自主學習」是【學校教育三年有成】4，真是研習的高潮，如果前幾場的研習讓您感動於無形，當你的教育動力與熱誠，被現實教育環境消磨殆盡時，學習如何透過有效的問題設計，帶領團體進行有效的討論，更是令人覺得受用無窮的法寶，既不違背九年一貫基本的教育精神，也能將學習的自主權還給孩子，提供每個孩子學習的鑰匙，允許孩子開啟自己學習視窗的彈性空間，老師們學習經營深刻對話的氛圍，激盪多元思考的方法，凝集多元智慧，為校園注入活水，以利自主學習的引導。

第五場的「知識整合與教材編製」，貼心於老師的需求設計，面對資訊知識爆增的時代，除了透過對話教學的方法外，老師如何把自己要傳授給孩子的知識，有系統的表達出來，研習會中演講法的介紹，讓與會的教師進一步反思、檢視自己在課堂上所傳遞的知識是否周延有架構，講師們透過清晰的架構、條理的統整、提綱挈領的引導，將繁複化為精練，使教材的呈現更具流暢性，學習者也更容易掌握學習的脈動。上台實際演練的寶貴經驗，我想也為參與者的生命增添幾多難得的學習烙印，久久無法忘懷。

「結構思考與快樂學習」是【學校教育三年有成】落幕前的交會，實際從頭到尾全程參與的人恐怕不多，但以我自己參與其中的體會，每一階段的學習主題都緊扣著學習者的需求，雖然寫在研習前的迴響，對於即將揭幕的研習內容，更是儲滿自己踐行後所遭受的困頓、低潮，想回到曾讓我感動、累積動力的研習團隊中，透過講師們與同修們真誠分享的生命力量，開啟自己運用正向思考，開發內在能量，建立良好互動關係，提升創造力，激發學習潛能，成就身心靈統整的豐富生命之旅。

「學無止境」是敞開自我學習生命扉頁的最佳映照，回顧這些年連續參與的【學校教育三年有成】系列研習，是該好好細數自己成就自己什麼了？自己成就孩子什麼了？自己在教育的園地裡播下什麼種子？在孩子的心田裡又留下了什麼？不管，後續是否有繼續辦理這樣深入的研習，我想，這六場次令人深度洗滌的心靈饗宴，只要自己踏踏實實的踐行，把自己對教育的初衷、對教育的終極關懷、對人文精神的再發現，讓對話的精神在自己的教學場域裡活化生根，在踐行的這條路上，時時自我覺察反思、正向結構思考，自然會有很多很多難以逆料的成長與收穫。

感謝所有參與者給我的生命啟發與對話滋養。

最近的教師專業成長營，聽淑君老師的分享，我好喜歡她的教學專業自覺！她說：

> 印象中前二次看「西雅圖魚市場」短片，對於影片裡樂在工作的魚販激起心嚮往之的理想藍圖，期許自己也能每天讓孩子享受學習的樂趣，而我也因此更樂在工作，時間一天天流逝，理想藍圖不停的在心底、腦海中震盪，現實環境的催促與忙亂，漸漸的連自己也困惑於僅止於理想嗎？
>
> 當然不會，那究竟如何繼續呢？
>
> 99年1月11日那天在竹林國小參加教學輔導教師工作坊，第三次看「西雅圖魚市場」短片，透過這些日子的體會，從夥伴間會談讓我有了不同以往的觸動，也給了自己不同以往的行動指標——如何透過更有趣的教學型態，激發孩子學習的主動權，而不單單聚焦於孩子學不會的補救策略，雖然那只是當時一閃而過的一個念頭，但它確隱隱在心裡作用著。
>
> 研習散場幾天後，看到東澳國小鄔誠民主任為課程立即記錄並寫下自己對課程的覺察與感覺，除了感動於鄔主任的行動力，更是翻新了我對他之前的舊印象，同樣在原住民學校服務的親切感油然而生，更需要學習的是他的豪爽與對自我的精益求精，讀到鄔主任的課堂記錄及心情迴盪：「做別人的事，學自己的功夫」、「成功的人找方法，失敗的人找藉口」兩句

話，深深觸動著我，反思自己似乎好久好久沒有應用意識會談法寫下或記下自己所學、所思、所感，警覺自己對人的感覺回應，除了被許多的事件淹沒，似乎也連帶塵封心裡，或許，需要重新試著找回自己內心深處的感覺熱度，讓自己更親近自我。

怎麼留住每個觸動自己生命的契機？不斷的自我對話與實踐是可以試試的方法。「結緣」在一時，如何「日用平常」，端在一己之心！

第三章

提問有層次，教學有深度

因為累積了多年的美勞課「名畫欣賞」意識會談經驗，我已經習慣透過提問和學生對話，也透過對話建構起讓學生感興趣的學習活動！尤其在網路發達的時代，信手拈來的對話教材，多得不勝枚舉。只要「提問有層次」，保證「教學有深度」！

1「體驗式」生命教育

我曾運用一張照片進行「體驗式生命教育」對話教學，因為提問層次分明，學生的思考引擎可以按部就班的被啟動，更重要的是回歸對話精神激發孩子與生俱來的慈悲心，而在往後的班級經營中，漸次展開「全面接納」的同儕情誼。

由於這張照片已經追查不到原始攝影者，以致無法得到授權而無緣刊登在書上，我只好請讀者發揮聯想力，跟著我的文字敘述，進入畫面的感動性！

照片上出現兩位年紀相若的小朋友，約莫五、六歲，成四十五度角側面相望。右邊孩子因為燒燙傷，左耳和左手腳的皮膚、肌肉都緊皺了起來，左手的手指頭看起來已然變形，判斷是無法抓取物品的；左邊孩子深情款款的用右手握著鋁箔包，餵燒燙傷的孩子喝飲料！

我第一眼看到，整個心就揪成一團，立刻用來和學生進行一場意識會談對話教學！

我的四層次提問如下：

1. **記憶性的問題：**

- 你在圖片中，看到些什麼？

2. **覺受性的問題：**

- 如果走進圖片中，會聽到哪些對話？
- 猜一猜，右邊這位小朋友在生活和學習上，會面臨哪些挑戰？
- 如果你是右邊那位同學，你會期待別人怎麼跟你相處？
- 你的同學中，有沒有類似左邊這位小朋友的善良？你喜歡跟這樣善良的同學作朋友嗎？說說看為什麼？

3. **詮釋性的問題：**

- 我們生活中，除了像圖片裡的燒燙傷意外，還可能發生哪些意外？
- 這些意外，各會有哪些生活上的不方便？又會有哪些障礙？
- 有沒有哪些障礙是一出生就存在的？
- 如果要你選擇一種障礙陪伴你一生，你願意嗎？

4. **創造性的問題：**

- 請大方的分享：你願意為有障礙的朋友提供哪些服務？

完全不需要老師說道理，孩子已經感同身受覺知身心障礙者的心情與需求，並願意付諸行動的去關照身障者。

其實，不只有孩子容易在團體會談中被感動而有行動，漸漸不習慣在眾人面前談自己的心情感受、分享自己的生活體驗的大人們，只要透過「意識會談」的有效提問，也可以輕鬆自然的引出他們心靈深處的陳年往事，並藉著真誠交流，啟動很久不轉動的思考引擎。

「兩雙鞋」的意識會談，讓我在「營造全面接納的融合教育」對話課程中，輕易的就啟動老師和家長們「接納差異」的思考引擎。感謝馬來西亞王增文校長慷慨授權我刊登他兩位相差八歲的寶貝女兒的這兩雙鞋！

我到馬來西亞帶領華校老師精進「全面接納」班級經營的講學時，始終心無旁騖的參與兩天研習課程的王校長，在下課時打開手機「秀」給我這張照片。王校長說著拍這張照片的當下心境，說著兩位寶貝女兒差異懸殊的天生氣質，說著做為一位父親在「全面接納」上遇到的挑戰，更說了身為一校之長，領悟到「該」如何接納來自不同家庭的幾百位學生的經營策略！

我非常感動於王校長的勇於分享，尤其他會因為自己生的兩個女兒兩極端的學習需求，而連結到自己的教育良知與良能，更是讓我敬佩！

這就是「意識會談」所強調的：「基於對生命的肯定，透過對話機制，激發參與者的意識狀態，營造和諧的共同體！」王校長顯然已經是學了意識會談法而能自我對話的高手啦！

回臺灣後，我經常在「親職講座」和「班級經營」演講中，引用這張「兩雙鞋」來談如何做好「接納個別差異，進而因材施教」的生命課題！

大小不同的兩雙鞋，乾淨、髒污程度有別，鞋子主人的天生氣質也差異懸殊。

我的提問仍然是層次分明的：

1. 記憶性的問題：

- 在照片中，看到了什麼？
- 這兩雙鞋有哪些不一樣呢？

2. 覺受性的問題：

- 猜猜看，這兩雙鞋的主人是什麼關係？
- 再猜猜看，這兩雙鞋的主人有什麼不同的個性？（生活方式？興趣專長？學習特質？）
- 如果你是這兩雙鞋主人的家長（老師），會面臨哪些教育（教學）上的挑戰？
- 你會用什麼態度跟他們相處？

3. 詮釋性的問題：

- 在你的生活中，是否曾經遇到差異這麼大的兩個朋友（同學、同事、家人……）？
- 你曾經有過適應上的困難嗎？
- 你怎麼接納他們的不一樣？

4. 創造性的問題：

- 經過這場會談的故事交流後，你對自己的「接納功課」有什麼新發現或新學習？
- 離開會場後，第一個讓你想重新接納的對象是誰？

同樣是紮紮實實的達成了「提問有層次，教學有深度」的會談效果！

2

對話的深度與廣度

原來我的「意識會談」對話教學讓基層老師驚艷的是：師生對話的深度與廣度！

曾經邀請我到他的班級做一場示範教學的宜蘭縣北成國小李茂琳老師分享了他的觀課心得！

那堂課的主題是「盲人的花園」：

在一個大花園裡有一間小屋子，屋裡住著一個盲人。

他把所有的時間都用來照料這個花園，雖然他的眼睛看不見，花園卻管理得非常好。無論春天、夏天或秋天，花園裡總是一片花海。

一個過路人非常驚奇的觀賞著這漂亮的花園並問道：「你這樣做，為的是什麼？你根本就看不見這些美麗的花呀！」

盲人笑了，他說：「我可以告訴你四個理由：第一，我喜歡園藝工作；第二，我可以撫摸我的花；第三，我可以聞到它們的香味。至於第四個理由則是你！」

「我？但是你本來不認識我啊！」路人說。

「是的，我是不認識你，但我知道有一些像你一樣的人會在某個時間從這兒經過，這些人會因為看到我美麗的花園而心情愉快，我也因此能有機會和你在這兒談這件事。」

茂琳老師很用心的藉用表格做了自己和我的四層次提問對照：

茂琳的原始構思

這一個故事裡有講到哪些人物？
主角都在做什麼？
花園的景色有什麼特色？
發生了什麼事？
路人跟盲人說了什麼？
盲人跟路人分享了哪四個理由？
盲人為什麼心情感到愉快？
猜猜看，盲人如何照顧花園？
如果你是盲人，照顧花園除了心情愉快外，還有什麼理由讓他照顧好這個花園呢？
你曾經用心經營什麼？讓四周的人願意停下腳步和你分享他的看法？那會是什麼樣的感受？
如果有機會和我們分享，你想分享什麼？

慧慈老師的提問順序

●引起動機——
你知道什麼是盲人？
除了盲人外，還可以怎麼稱呼？
你猜猜看這個盲人長什麼樣子？
●四層次提問——
故事發生在哪裡？
花園有什麼特色？
路人經過，問盲人什麼？
盲人說了四個理由？誰還記得？
花園用畫的，你會怎麼畫？
你會畫這個盲人在做什麼？為什麼要畫他在……？
盲人經營花園，會遇到什麼困難？
盲人遇到什麼事會很開心？
猜一猜花園裡有什麼花？聞過哪些花的香味？
盲人為什麼說「為了你」？
別人來找盲人，盲人為什麼會很開心？代表什麼？
如果你是路過的人，你會想跟盲人說什麼？
你的日常生活中，有做過什麼事不是為了自己，是為了別人？

最後，茂琳老師使用我的提問設計來跟孩子討論，下課前，邀請孩子在聯絡簿每週短文處寫下「我能為班上奉獻什麼？」

茂琳老師也分享了他自己的課後省思：

事前宋老師請我先設計提問，我嘗試依照自己想得到的四層次提問參考，設計了這些問題，感覺有所不足，但又說不出缺了什麼？直到看宋老師帶領和記錄提問，我知道我缺少了「帶領學生共同繪製故事角色的心情、內容的溫度，也沒有用心邀約讓學生的生命經驗融入到故事中。」

我驚訝於：

如果問句只是「路人跟盲人說了什麼？」，而不是「路人經過，問盲人什麼？」，那就少了好奇；如果問句只是「盲人跟路人分享了哪四個理由？」，而不是「盲人說了四個理由？誰還記得？」，那就少了參與其中的邀約。

如果問句只是「盲人為什麼心情感到愉快？」，而不是「盲人遇到什麼事會很開心？」，那就少了一份貼近四年級孩子語言的心；如果問句只是「如果你曾經用心經營什麼？讓四周的人願意停下腳步和你分享他的看法？」，而不是「你的日常生活中，有做過什麼事不是為了你自己，是為了別人？」，那就缺少一份深度的轉化，更為開闊的自我省思和邀約成長的行動力。

令人驚艷的是：宋老師總能把孩子的話「意義化」後，再跟孩子核對「你的意思是不是這樣？」最後還能把每個孩子分享的經驗串連成學習的收穫和團體的共同智慧。因為這樣的接納功夫，感謝靜不下來的孩子願意練習聽聽別人的想法，感謝願意分享的孩子貢獻寶貴的經驗，在徐徐微風中彼此學習，彼此成長。

用功學習「意識會談」對話教學的茂琳老師，基於「學海無涯，站在巨人的肩膀，看得更遠！」的前瞻，感動我在學期末再次到他四年級的班上，以國語課本的〈兩個和尚〉為素材，和孩子進行一節課的「複習性」對話教學。

〈兩個和尚〉的課文內容如下：（節錄自國語康軒版四下第三課）

從前，在四川偏遠的山區，有兩個和尚。他們一個很有錢，一個卻很貧窮。

有一天，窮和尚來拜訪富和尚，說：「我想到南海去拜佛，恭請一些經書回來，您要不要同行呢？」

富和尚很為難的說：「要是想去就能去，我早就去了。南海路途遙遠，我已經準備多年，都去不成，你什麼準備都沒有，怎麼去呢？」

窮和尚說：「一件好事，想做就去做，否則想得太多，反而什麼事都辦不成了。我只要一個水瓶、一個飯缽就夠了。」

第二天一早，窮和尚帶著一個水瓶和一個飯缽，就動身上路了。他一路上翻山越嶺，歷經了許多風霜雨雪，還必須忍受水土不服的考驗。但是他不怕辛勞，肚子餓了，就沿途化緣；走累了，就找間小廟借宿休息。窮和尚以堅定的信心、堅忍的毅力，走了將近一年，終於到了南海，實現了他的願望。

第二年，窮和尚回來了，他專程去拜訪富和尚，告訴他說：「我已經從南海回來了，特地為您請了一部佛經。」富和尚雙手接下佛經，既感動又慚愧的說：「謝謝您！您真了不起啊！說做就做，不像我想了半輩子，虛度歲月，到今天都還沒去成呢！」

茂琳老師觀看完我與他班上學生的四十分鐘對話，寫下了他的觀課回饋：

當宋老師和孩子說明討論主題〈兩個和尚〉時，我第一個的擔心是孩子會有課文舊有的印象，果然當宋老師說你猜富和尚長什麼樣子？窮和尚長什麼樣子？孩子描述的都跟課文圖文一致。當下讓我驚覺課本的刻板印象，所可能產生對孩子創造力的影響。

當宋老師再問：「窮和尚和富和尚是什麼關係？」孩子猜很久，還是猜不到師兄弟的關係，因為課文找不出這個名詞，而三四年級閱讀理解學習方面練習的是「擷取和預測」。預測範圍也以課文為主，跨不出課文內容，限制了孩子聯想的空間。

回想開學之初，我完全依著課文的內容，帶領孩子只看見窮和尚的優點，卻大肆批判富和尚的缺點；透過宋老師的提問「你認為不出門的富和尚有什麼貢獻？」我發現宋老師帶領孩子同時去欣賞窮和尚和富和尚的優點，幫助班上的孩子們看見：「富和尚雖然保守，沒能前往南海，但縝密的思慮，給了窮和尚完整的心理準備，還安頓好寺院，讓窮和尚歸來時有落腳之地。」

陸續的幾個提問，如：「你發現班上哪位同學，就像窮和尚般的有行動力，你欣賞他哪些特質？」、「你發現班上哪位同學，就像富和尚般的很會計畫，你欣賞他哪些特質？」、「經過今天的討論，你認為跟以前的討論有什麼不同？」這些提問引發孩子對同學的欣賞，重新思索誰擁有兩位主角的特質，將文章的內容討論和實存的學習環境連結。

我發現宋老師的提問設計能和孩子的學習連結，提問設計需要多次整理，有助會談的深入；除了事前的提問設計，現場的互動聆聽和回應更是令我驚艷。宋老師以對方為中心的傾聽和核對、引導和整理、詮釋和諦聽，都讓學生聽見、也看見自己的貢獻，這些帶領意識會談的技巧與心法，都是值得我好好學習的地方。

我很欣賞茂琳老師敏銳的觀察力，一針見血的指出「提問有層次，教學有深度」的意涵。

3 學生自辦跨年晚會

帶著許多回「教學相長」的美好經驗，我大膽的激勵了一個中型學校的五年級孩子「自辦跨年晚會」，見證了：課程是「透過對話」發展出來的！

前後忙了兩個多月讓許多師長跌破眼鏡的「五孝跨年晚會」，確實是一次難能可貴的「體驗式自主學習」，五孝孩子自己籌畫 potluck 自助式晚宴，自己布置會場，自己設計節目表，自己邀請師長、貴賓，自己規劃，勤練節目，自己……，全由五孝孩子一手包辦的二〇〇三～二〇〇四「五孝跨年晚會」，更值得一提的是：每一個小記者所報導出的「從錯中學」，都是寶貴的對話教學實戰經驗，也都可以帶給讀者歷歷在目的想像空間哦！

【小記者：許懿菁】

跨年晚會那一天幕後工作人員比主持人還累呢！只有一句話可以形容累得不能動：「每個人都忙得不可開交，真是累人呀！」而我跟姿君負責接待客人，腳站得好痠，趁沒人時我們就蹲下來休息一下。

說到那一天，真希望每個人都把它忘記，先說跳繩吧！我跳一跳時勾到了脖子，害大家笑得團團轉，那時真想挖一個洞跳進去；還有跳舞時我也轉錯邊，真是不想跳了啊！不過我也學習到了一些事情，平時我在練跳舞時，游文昇說：「你跳錯了。」我固執的說：「哪有？」游文昇又說：「要不然你再跳一次給大家看呀！」我就把那一個動作重複了一遍，果然大家看了哈哈大笑，我生氣的說：「要不然怎麼跳呀！」游文昇又教了我一次，他說重新再跳一遍吧！後來我提醒自己別再出錯了，那一次我果然沒出錯，游文昇才嘆了一口氣。

跳繩時，我不小心勾到了脖子，大家也哈哈大笑，那也是因為我跳錯邊了，所以才被勾到的。如果乖乖的聽大家的規定，就不會這樣子出糗了。有了這一個教訓，我再也不敢耍什麼大脾氣了。

為了這次跨年晚會，我學到了人與人之間相處的方法了。也學會怎麼配合大家，希望下一次舉辦別的活動，我能學到更多知識，因為下一次我想要挑戰更大的舞台。

【旁觀者清：懿菁媽媽】

宋老師好：

首先要謝謝宋老師這學期的辛苦與努力，才有我們家的寶貝在舞台上亮麗的演出。

懿菁在12月31日當天表演完後一上車就追問著我：「媽媽，我表現得好不好？」我一邊開車一邊笑著回答她說：「表現得很棒！媽媽鼓掌到手都麻了。（當然還包括其他同學表演都很精采才會一直鼓掌，但我沒告訴她。）可是，你好像從頭到尾都忘了帶一樣東西上去表演哦！」懿菁想了一會兒回答說：「沒有啊！哪有？」我回答她說：「有啊！你再想一想。」懿菁想都沒想就回答我：「阿就沒有咩。」我太瞭解女兒的個性了，思考能力成一直線的人要她想答案，可能要等粉久，所以我只好直接跟她講答案，就是

「微笑」。

懿菁的回答是說，她本來在練舞時，是排在第一排；到表演當天，同學叫她排第二排，害她不會跳，把舞步跳亂了，所以很生氣。（老實講，她平時在家都偷偷練舞，看到我走過去就趕緊停下來，說叫我不要偷看。）我知道她求好心切的心是可喜的，但是，生氣時，沒適時整理及控制情緒，就不太妙。

我本來有照幾張她生氣的特寫照要讓她看，但還沒有時間拿去沖洗。我想，照片洗出來後，讓她自己看看，反倒是她的表情破壞了團體而不是她的動作。其實，這次同學的表演都很精采，尤其讓我印象深刻的是歆芸合唱時的表情，微笑且陶醉的樣子，一直到現在還深印在我腦海中。我有跟懿菁說過，請她跟歆芸好好學習。

再次謝謝宋老師對全班的努力教導與付出，真是謝謝您！

呂月芬敬上

93年1月9日

再回想起那一夜由五孝孩子自行打理的「二〇〇三～二〇〇四跨年晚會」真是空前的創舉！創舉在：我全然的相信孩子的「自主能力」是可以被激發的；創舉在：孩子真的能有勇氣承擔三個月來的每一個「無常」的挑戰；創舉在：竹林國小的行政單位「充分授權」，讓班級經營得以呈現出各班特色來。

全程笑嘻嘻陪著我們的周校長和五孝孩子的大玩偶——竹林國小多才多藝的英語名師Jimmy在晚會結束後，一起協助復原場地時，讚嘆了一句「ㄡ！真是讓人大開眼界，只不過是一個班級而已，竟然能辦出這麼豐盛的餐會、演出這麼精采的晚會！」

可不是？

整個晚會出盡風頭的班長，在好幾個節目都有完美的演出，讓台下的爸爸媽媽驕傲得頻頻開懷大笑。可是媽媽仍不敢置信的拉著我到一旁問：「宋老師，您真的完全沒有指導嗎？」

「有啦！我攏嘛是出一支嘴，問擱來要按怎？」

「指導」？怎麼樣叫「指導」？又要怎麼定義「指導」呢？

這麼多年來，我已經走出自己一套「課程是『透過對話』發展出來」的教學模式；「聽孩子說」、「接孩子的變化球」、「配合學校的行事曆」、「順應時事發生的每一個當下需求」，是我課程發展的主要依據；用「四層次提問的對話教學法」，盡可能的激勵孩子實現每一個閃過腦際的夢想。陪著孩子的過程中，我謹守著兩個原則「有效的問」、「接納的聽」：問孩子親身經驗的問題、問孩子將要面對的困境、問與孩子切身利益相關的問題，讓孩子與「學習」發生關係，孩子的參與度自然就會提昇；聽孩子真實的感受、聽孩子精闢的見解、聽孩子天馬行空的幻想，孩子的意見被聽到、也被聽懂了，孩子發表「異」見的自由度提昇，解決生活問題的創造力自然活躍起來！問與聽的進行中，不斷的激勵孩子「問題是創造的母親」，信賴孩子可以有能力去面對、去折衝、去克服！於是經常看到孩子的創意細胞在師生共同激盪開來的課程中自在的優遊著。

就拿「二〇〇三～二〇〇四跨年倒數計時」這件事兒來說：

國語第十課〈永遠的星星〉談北斗七星的傳說，我問孩子指得出「北斗七星」嗎？多數孩子搖頭！我再問，誰的家庭像課文中的爸爸一樣會陪孩子去看星星？仍是搖頭的多！我很感慨：回想自己女兒約莫國小一、二年級吧！就可以準確的叫出「夏日大三角」、「獵戶星座」等隨意即可辨識的基礎星座，四年級時還主動到書局買了一本「觀星入門」，好長一段時間的夜晚總是拉著爸爸陪她對照著書本認識當季的星座。我肯定女兒和星座的學習發生緊密的關係！

女兒可以擁有超齡的星座天文知識，當然首要歸功於有一個幾近天文博士的爸爸，曾經花了許多個晚上引導女兒細說星座神話故事，還有一個重要因素，感謝羅東運動公園有一個天才的「望」設計「天丘」，讓「移民」來宜蘭的我們一家三口經常有機會平躺在望天丘的凹地裡，細數每一季不同的物換星移！

在知道五孝孩子絕大多數的家庭生活不似我們家的「天然」時，我一口氣吐露了上述家庭活動的得意！總是不鳴則已的班長奕丞，又是一副要笑不笑的神情，一鳴驚人的挑戰我：「老師，那跨年晚會結束後，您帶我們去望天丘倒數計時啊！也可以順便『叫』王爸爸來教我們認識星座呀！」哇咧！跨年晚會已經是我們的下班時間了，還要我陪大家到二〇〇四年啊！這是上天對我「言多必失」的懲罰嗎？

「哇咧！」歸「哇咧！」我還是把班長的提議及其他人搖旗吶喊的附議聽進我的「對話教學」課程發展中。

「哪有可能？」「要按怎集合？」

但從孩子熱烈的討論中，我知道這些都是有效的問題，有人說：「我爸媽連晚會都不來了，怎麼可能帶我去倒數！」有人說：「冷死了，我還是在家裡睡覺吧！」也有人說：「為了跨年晚會，我好久沒玩電腦了，我在電腦前面倒數計時就好了！」我接納的聽不同家庭風格的不同孩子的心聲，當然仍有許多興致高昂的孩子信誓旦旦的說著：「我要到望天丘去為二〇〇四年許個大願。」接著就看他們各自的家長願不願意成全孩子的這個心願嘍！

「每一個承諾都是一個額外的承擔」是我「聽孩子說」的對話教學下最大的負擔，經常在答應後自己是會懊惱的！

就像這一場五孝跨年晚會！

不過，所有的一切都是「自己決定要」的，何況在「要」的過程中也都顯得那麼的愉快！只是二〇〇三年12月31日這一天的愉快中還有一份負擔，因為這一天下班後並不能如往常般回家先躺一會兒、打個盹兒，還得學校、家庭兩頭跑，才能陪伴五孝孩子們一圓準備了三個月的「跨年晚會」之夢。雖說晚會的種種細節已由幾個自願的工作人員承擔，雖說「學習過程」重於「成果發表」，但作為級任老師的那一顆心仍是很難放下，仍會擔心平日的禮儀指導會不會凸槌，仍會擔心孩子放學後再來學校的交通安危，……仍有許多的牽掛啊！

所以，往往在這些時候還是會興起一股「唉！幹麼那麼多事，辦什麼跨年晚會？何必多此一舉？……」

如果晚會完，還得拖著疲憊的「老身」，再陪有意願的孩子到望天丘跨年倒數計時，就更會罵自己：不過是班長隨口挑釁一句，根本不用理會嘛！………

真的是多此一舉！

可是，當把熟睡得叫不醒的女兒獨自留在家中，帶著小狗Happy趕到望天丘，與歆芸一家人會合，又等到班長母子三人來報到，再看到在最後一秒及時趕來的承律一家，然後是來自羅東運動公園各角落在二〇〇三年12月31日晚間11時59分一起從「60、59、58……」大聲倒數的歡樂氣氛中，人是High到最高點的；尤其在「5、4、3、2、1」後那一瞬間，和望天丘上的三個五孝家庭共十二人加一條狗互擁、互道「Happy New Year」中，我信心滿滿的知道，未來，應該說已經到來的這二〇〇四年，我在竹林是會很Happy的。

終究還是要謝謝班長順口提出的「跨年倒數」，也要謝謝自己能夠隨時自我提醒：要啟動孩子思考的引擎，「提問」比「給答案」還重要，讓孩子的願望可以透過「對話」發展成課程來！

4 自組社團，社團自主

有些時候也會傷起腦筋問：該從何對話起！

在資源分配不均的教育現況下，許多弱勢的孩子是被犧牲的！「學校社團資源」，就是長期存在的不公不義之一！

我相信「問題是創造的母親」，所以透過「六年級教學群」的對話平台，啟動了老師思考的引擎，開創臺灣教育史上的創新案例：讓學生「自組社團」，並且容許學生「社團自主」。

教學群還在掙扎著啟動這個創意教學的適當時機，一則校園新聞「竹林國小兩個頑皮的六年級孩子在校園裡被虎頭蜂螫了」的刺激，肯定了教學群推動「讓竹林國小六年級學生人人有社團」的自主學習教育初衷。

教學群面臨的三大困境：

困境一、存在已久的高年級「導師時間運用困擾」

每天早上第一節上課前，依慣例都排有「導師時間」。原本應該是給導師耳提面命，親師溝通的時間，可是隨著年級的增長，校隊社團活動的增加，到了高年級，許多學生都利用這段時間參加學校各種校隊活動，沒有參加校隊的學生怎麼辦？留在班上的學生只剩下十幾個，又因為各校隊練習時間不同，每天導師時間留在教室的人都不相同。「這段零碎時間該怎麼應用？」成了許多老師心中的痛。

青春期對多數平凡的小孩，本來就是很大的尷尬煎熬。每天早上看到別人風光的活躍於各種校隊，而自己卻只能窩在教室裡和老師乾瞪眼，那種心情一定很難受！於是這一段所謂的「導師時間」，有的就會想辦法作怪，吸引老師及同學的注意，有的就坐在教室發呆。

怎麼辦呢？

困境二、有教育良知的老師咸感困惑的「道德教育評量問題」

六上社會課本第四單元「法治你我他」談到：

●道德是約束人們行為的社會規範，通常是判斷是非善惡的標準，例如：正義感、責任心等；法律，記載於國家所頒布的立法文件之中，是一種外在的規範。

●法律與道德最大不同在於：道德是藉由內心的自我覺醒，產生自我約束的力量，讓人自然而然的表現出正當的行為；而法律是以國家的強制力約束人們的行為，對違反法律的人，由國家加以制裁、懲罰。

●在我們的社會中，每個人都希望自由自在不受拘束，然而這並不代表我們的社會變成大欺小、強壓弱的野蠻狀態，讓拳頭大的人爭得「自由」，其他人反而失去了自由。

●自由不是沒有範圍、毫無限制的，任何人都不能以個人的自由為藉口，隨意侵犯他人的自由。我們享有的自由，應該建立在人人相互尊重的原則上，才能使我們可以自由自在的生活，不會受到任意的威脅或迫害。

綜合活動第三目標「品德記事簿——自律的表現、團體的公約、品德的培養」強調的是：

●在日常生活中，你有哪些自律的表現？你最滿意的有哪些？你是怎麼做到的？帶給你哪些感受呢？

●在班級或其他團體中，你發現有哪些團體的公約？這些團體公約，和個人或團體有什麼關係？為什麼要有這些團體公約呢？

●看看別人，想想自己，你擁有哪些良好的品德？當你表現出這些良好的品德時，對你和對你團體有哪些影響？你有什麼感受？

關於前述的知識概念，如果透過紙筆考試測驗孩子對「生活規範及社會秩序」的理解，相信絕大多數的孩子都能考滿分，但真正落實在生活現場的成績表現如何呢？

困境三、學校資源分配不均，致使半數以上學子享受不到社團的活動樂趣

看看下面的統計圖：

想想那將近一半的學生沒有社團可以參加的不公義，心是會痛的！

基於相信「問題是創造的母親」，六年級教學群經過多次討論，配合學校願景與課程綱要，結合教訓輔三合一精神，建構出「讓竹林六年級學生人人有社團」的學年願景！並透過行動研究專業對話，希望藉「人人有社團」的創意教學，激發不屬於學校校隊的其餘學生都能一展長才，發揮自己的潛力，找到適合自己的學習舞台；也希望在「人人有社團」活動中，提升「竹林七賢」教學群「有效的問、接納的聽」專業對話技巧，給孩子自主的機會，幫助孩子學習團體生活的規範，更期許孩子能因此發覺到自己的長處，進而建立起自信，天天都能看到孩子帶著自信的笑容踏進竹林國小，逐步在竹林校園強化「帶好每一個孩子」的教訓輔三合一精神。

「讓學生自組社團，容許學生社團自主」成了六年級教學群階段性重要的專業發展項目。

教學群的研究方法與目標是：採「調查」與「質化」兩研究法雙軌並進，研究對象為宜蘭縣羅東鎮竹林國小六年級一百三十四位學生及其家長，參與研究者設定為廣稱「竹林七賢」行動研

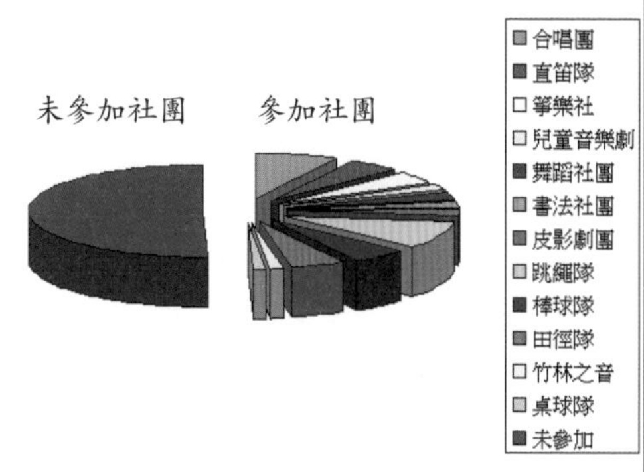

竹林國小六年級學生中有將近一半人數未參加任何社團。

究團隊的竹林國小六年級教學群（四位級任教師、兩位實習老師、一位科任教師）。

回歸「教訓輔三合一」精神，讓學生在每天晨光時間（7點50分到8點30分）從自主、自創而自組的社團活動中，學習「自律律人」；再透過教學群的專業對話（與學生對話、與家長對話、與行政人員對話，也與教學群團隊對話），從活動的「影像紀錄」、教師的「教學手札」及學生的「學習筆記」行動策略中，激發學生「自我管理」的潛能，並達成社會課程「探索個人自由與法治的關係」、綜合活動「生活中只要我喜歡的事就可以做嗎？」教學目標，完成「讓竹林六年級學生人人有社團」的學年願景！

5 戰戰兢兢走過的對話歷程

1. 測風向——「以學生為中心」，真心瞭解孩子的需求。

8月31日，開學第一次社團時間，全體六年級學童集合在四樓教室前L型的長廊，師生透過深度會談：

如果每天的7點50分到8點30分是我們六年級自主學習的社團時間：

- 你喜歡和好朋友一起參加社團活動嗎？
- 你希望能有什麼樣的社團？

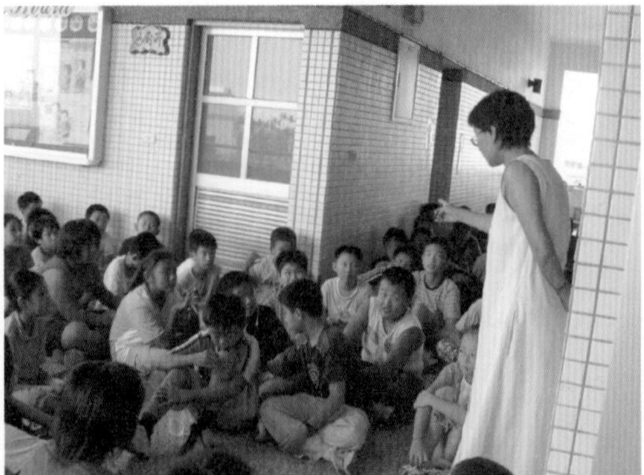

到處都可以進行意識會談的對話教學，即使是廁所前的長走廊。

● 沒有老師指導的情況下，你可以「自我管理」嗎？

● 關於「自主學習」，你認為需要訂定哪些團體公約？

● 如果有人不能遵守社團公約，你覺得該怎麼辦？

2. 社團成立了！——落實「全然接納」的教訓輔三合一精神。

只要能集合十人以上的跨班級成員，「竹林七賢」都以最高的「尊重、接納、肯定」態度，接受每一個自創社團的申請，再從旁輔導社團負責人的產出與社團公約訂定。

3. 給家長的一封信——邀請六年級家長共同關心「人人有社團」。

由六年級教學群共同具名，寫一封「你家的寶貝擁有自我管理的能力嗎？」邀請函給六年級全體家長，告知「人人有社團」的計畫緣起和實施策略，邀請家長擔任社團指導老師，並在家隨機教育，提升孩子「自律律人」的自主學習能力。

4. 重視家長意見回饋單——讓家長成為「人人有社團」的事業合夥人。

彙整家長對「人人有社團」自主學習的關懷意見，「竹林七賢」教學群從善如流，希望照顧到每一個家庭的不同教養期待，讓全體家長也成為教訓輔三合一推動的助力。

5. 問題解決筆錄——落實行動研究精神，教學群隨時記錄指導學生解決問題的對話內容，並加註「對話省思」，作為教學群再出發的專業精進之道。

在教師「放手不放眼」的指導原則下，孩子們學會互相關照，彼此約束。

6. **場邊觀察紀要**——「學生自主社團」究竟可不可行？是本行動研究團隊必須誠實面對的研究議題，教學群用心記錄每天不定時、不定點的觀察心得。

7. **學生學習筆記**——透過學生學習筆記的真心告白，教學群可以蒐集到更多場邊觀察的漏網新聞，適時的調整行動研究實施策略。

8. **社團公演紀實**——「讓每個孩子都是學習活動的主角」是本行動研究的終極關懷，是不是如此？且聽孩子在社團公演後的心情分享。

9. **「人人有社團」家長滿意度調查**——透過家長觀察，瞭解孩子的參與度，作為「人人有社團」省思後再出發的踏腳石。

10. **「人人有社團」學生滿意度調查**——透過調查整理，瞭解孩子的「自我管理」學習力，「竹林七賢」適時、適地的結合教訓輔三合一精神，給孩子更積極的人生價值觀。

「讓竹林六年級學生人人有社團」

家長意見回饋單

學生姓名：　　　　家長簽名：

我的孩子目前參加（　　　）社，我更期待他／她能參加（　　　）社。

（　）我很支持「培養學生自律、自主學習」的教育理念，也願意在晨光社團時間，到各社團活動地點指導孩子自主學習。

（　）我認同「培養學生自律、自主學習」的教育理念，也會在家指導孩子遵守社團公約。

（　）我雖然認同「培養學生自律、自主學習」的教育理念，但基於安全考量，恐怕我的孩子還沒有「自我管理」的能力，所以請安排我的孩子留在教室閱讀或練字。

關於不能遵守社團公約的孩子，我有以下的建議：

（　）1. 要求在教室靜坐，由一位家長陪同。

（　）2. 只能在場邊觀看，不能參與社團活動。

（　）3. 晨光社團時間做全校的掃除工作。

（　）4. 請學校全權處理。

（　）5. 其他方式，比如：

對這種「非制式管理」的社團活動，我有以下的想法提供給學校參考：

6 教學群的歡喜收割

千萬別小看孩子！以為他們還小，不懂自己要的是什麼！不懂該遵守的紀律是什麼！

第一次集會宣布後，才二十分鐘不到的討論，相繼有**樂樂棒球社**、**籃球社**、**毽子社**、**羽球社**、**熱舞社**、**街舞社**、**棋藝社**、**躲避球社**等八個學生自創的社團產生了。下課時聽到這麼一段對話：「我本來想選樂樂棒球社，可是看到那麼多人來參加，我想一定要輪好久才能打到球，所以就換到躲避球社。」孩子開始會思考了！孩子開始會判斷了！更重要的，孩子開始可以自己做決定了！這不正是回應了西方哲學家蘇格拉底的智慧：「沒有經過反思的生命，可能得到意義嗎？」

更開心的是：自從這學期實施「人人有社團」之後，無緣參加校隊的小朋友也可以在晨光時間做自己喜歡的事情，不再覺得無聊、無趣，不用再做二等學生，雖然不是校隊，但是可以為自己做的事認真負責。「讓竹林六年級學生人人有社團」這樣的課程確實能夠讓平凡的孩子肯定自己，發展屬於他們的一片天空，也強化了竹林校園「帶好每一個孩子」的教訓輔三合一精神。

事實上，在把「選擇決定權」交還給孩子之前，我們幾位六年級的任課老師各有不同的擔心：十一歲的孩子真的有自律能力嗎？不透過牢籠式的集中管理，很容易出意外吧！沒有老師的教導，孩子能學到什麼？「掌控型」教養態度的家長能理解老師的用心嗎？校內其他同仁能支持嗎？……

在眾多被提出來的「未雨綢繆」中，竹林七賢還是決定放手讓孩子活出「自律性」，對所有六年級任課老師的確是好大的挑戰與考驗！教學群團隊經過不斷不斷的專業對話，我們依然願意朝著「給孩子機會」的理想邁進。在這種「非制式管理」的社團時間，竹林七賢扮演的是「放手不放眼」的陪伴角色，在確定沒有「立即而明顯的危險」下，我們嘗試著讓孩子們自主發展出最適當的社團公約，也許有一些衝突，也許是一些冒險，我們陸續有因應的策略，如：限定活動範圍、集體活動與解散、七位老師不定時的遊走於各社團活動地點、激發社團成員的榮譽感、提升社團召集人的責任心與應變能力、隨時獎勵績優社團，並嚴格執行違反社團公約的處罰條例等。

「人人有社團」的諸多運作問題，就是透過這樣簡單的互動，讓孩子們的想法更開闊了！從「學生的學習手札」與「社團公演紀實」，我們確信「人人有社團」在推行半個學期以來，確實朝著「研究的終極關懷」邁進；從「家長滿意度」與「學生滿意度」兩項調查結果得知：只要願意給孩子機會，是可以見證孩子的「自律」、「自主」能力的！

整體而言，「人人有社團」以學生學習自主的角度出發是好的，但是我們更在意後續老師所扮演的角色，「竹林七賢」自我期許：老師跟孩子之間的對話互動能更多一些，除了輔導、照護之外，我們更將努力於有效運用自己的經驗及智慧，帶給孩子更多、更快速的學習成長。竹林七賢經過兩個多月的「人人有社團」隨時可能出現的無常敲扣，隨時得感恩「問題是創造的母親」，整個教學群的更有默契、核心價值更貼近，再也分不出哪一個孩子是哪一班導師的責任，「竹林七賢」讓學生「人人有社團」的確強化了竹林校園「帶好每一個孩子」的教訓輔三合一精神，當然也值得其他國小在面臨「高年級導師時間」及「道德教育評量」兩問題時的解惑參考。

這個「自組社團，社團自主」的創意教學，得到當年教育部鼓勵中小學教師創新教學的全國特優獎，感謝竹林國小大家長周校長的遠見，肯定六年級老師願意為了孩子「未來真正的生存競爭力」所投注的冒險精神；感謝竹林國小行政人員「看頭看尾」一起指導六年級孩子「做自己的主人」；也感謝六年級全體家長關心並支持「讓竹林六年級學生人人有社團」的創新教學。

想要啟動孩子思考的引擎，老師的思考引擎必須要先能動起來！不把現象視為當然，就能找到解決的策略！一般老師要進行「跨班級」的教訓輔教學，有一定的難度，「竹林七賢」教學群嘗試走出自己的教學王國，以策略聯盟的交流胸襟，學習和學生對話，也學習和同事對話，更重要的是學習和自己對話。

作為這個方案的發起人，我體認到：要啟動老師的思考引擎，遠比要啟動孩子的思考引擎的挑戰來得大許多，最終可以圓滿的法寶是：我謹記對老師們「提問要有層次」，於是我收割了教學群老師們的「教學就有深度」！

第四章

「提問」比「給答案」更重要

蘇格拉底說過：「沒有經過反思的生命，找不到意義。」我的恩師陳怡安教授也說過：「沒有經過交流的意識，得不到共識。」而且，能有意義影響行為的學習，必定是透過「自我發現」與「自我調節」，只要與「既有的生活經驗」連結，孩子可以學會任何事務。

所以，經營「對話關係」，首要記住的是：「提問」比「給答案」更重要！不論是在「進行團體討論」或想「讓組織建立共識」，帶領人都需要耐心的提問，專注的聆聽，再從成員分享的意見中，找出團體的共識流。

因此，用心「設計提問」，不要急著「給答案」，致力於啟動孩子思考的引擎，是我帶領孩子們進行團體討論時的重要功課！

1 全國最老的生教組長

在我退休前的最後一年，我更習慣於透過「提問」和學生連結起「對話關係」。

那一年，外子封給我一個殊勝的頭銜：「全國最老的生教組長！」面對許多同事的評論：要退休了，還去接生教組長，真的有夠憨呆！我還是「千萬人，吾往矣」的承擔下這個不討好的行政職務，乃因受到當時的賴尚義校長的感召，賴校長期待我能「回歸對話精神」，帶起孩子們原本就具足的「向上、向善」之心。所以，我努力改變生教組長「叫叫叫、訓訓訓」的刻板印象，我努力改善生教組長與學生的互動模式，我努力規劃「重『因』更甚於『果』」的生活品德學習教材，我努力建構老師們輕鬆參與的「正向管教」分享平台，讓自己成為全國最老、卻也是最優雅的生教組長！

優雅，要展現在與各班老師送來學務處的各方角頭的對話時；優雅，要展現出「提問，不質問；對話，不訓話」的友善氛圍。

開學沒多久，就有一個二年級的孩子被送到我這兒來，我謹記「有效也要有笑的對話」！這場對話如下：

「老師，有人在中庭K石頭，K到我的耳朵。」星期二的第二節下課，是我最最忙亂的時刻，聽到孩子的控訴，看到紅腫的耳朵，我趕忙停下所有工作：「唉唷！痛嗎？要不要去健康中心？」

「不用！」不愧是六年級的「大」哥哥。

「知道是誰K的嗎？」

「知道。」

「去把他請來我這兒，好嗎？」我繼續忙我的事兒。

才一下下，兩個大哥哥「領」著一個怯生生的小弟弟到我跟前來。我問小弟弟：「大哥哥說看到你K石頭，是真的嗎？」小弟弟含著淚猛點頭。

「老師看到你好像快哭出來了，我猜，你很後悔做這件事喔！」這句話像催淚彈，小弟弟終於忍不住兩行淚水了。既然小弟弟承認了，我就請大哥哥先回教室。轉頭對小弟弟說：「現在你可以告訴我，為什麼要K石頭嗎？」儘管K石頭是「絕對」不被允許的，我還是希望聽聽當事者做這件事情的「因」。

因為哭得太激動了，小弟弟除了眼淚鼻涕，沒有其他話語的回應。我知道，此時此刻需要給他一段時間，所以，遞給小弟弟面紙，告知：「你先在旁邊想一想，我繼續做我的工作，只要你想要說了，老師可以隨時聽你說喔！」

我才一轉身，小弟弟就靠過來了：「我找不到人玩，很無聊，所以就拿石頭來丟！」我相信小弟弟「當時」是無意識的。但，我更在意的是下一個問題：「哦！原來喔！如果下一次又找不到人玩，你還會再丟石頭嗎？」

小弟弟搖搖頭，我問：「為什麼？」

「因為會被帶來辦公室。」真是哇哩咧！

「如果不會被帶到辦公室，你就會K石頭嗎？」

「不會。」

「為什麼？」

「因為會K到人，害人家受傷！」啊！繞了一個圈圈，終於問到標準答案了！

但，這個圈圈繞得挺值得的，就在師生一問一答的過程中，孩子思考的引擎被啟動了，孩子清楚的認知丟石頭的危害，相較於老師直接口頭警告或訓誡，必然有一定程度的「更佳」效力。

「等一下有沒有勇氣來跟受傷的哥哥道歉？」看到小弟弟「篤定」的點頭，我放心囉！

在我抱著教材正要上樓上課前，一位家長走進辦公室，問我剛剛那個小孩怎麼了？

原來他是小弟弟的爸爸，剛巧來修理學校的播音工程，看到自己的孩子站在辦公室哭，一定很焦急！

我只說：「你的孩子很勇敢的承認丟石頭，而且也答應等一下要去道歉，真可愛！」說完。忽然警覺到剛才的「好言相勸」是對的，不然……

「喔嗚！還好，我剛剛沒打他、也沒罵他，不然就會被你告了！」我輕鬆的幽了小弟弟家長一默。雖然家長認為打、罵沒關係：「孩子做錯事，本來就該教啊！」我還是很慶幸剛剛回歸對話精神「善問與深聽」的教法，讓我可以看到孩子「純真」的一面。

下一個下課，小弟弟準時的上到四樓、恭恭敬敬的對大哥哥深深一鞠躬，大哥哥也願意原諒小弟弟，我看到對話的有效也有笑喔！

2 處理校園霸凌的善問與深聽

本來對話的目的就是為了讓彼此的心更靠近！尤其當面臨地位尊卑、層級高低的關係落差時，對話的有效性，真是會影響後續關係的發展啊！

科任老師最大的挑戰是：每天要面對不同的班級文化、不同的班級規約、不同的級任特質，科任老師如何修得靈活的彈性，真是莫大的功課。行政的角色，更是多角度，尤其生活教育組！

可能年紀大了，沒啥多餘的氣力，對學生吼叫；可能走過三十個年頭的教學資歷，早早覺察到：「喝斥」的效力只能片刻。唯有**善問、深聽**（問孩子能回答、願意回答的問題；聽孩子社會語言背後的肢體和情緒語言），才能拉近師生「心」的距離。

不過，對話的「有笑」性，往往牽涉到時間的有限性。以生教組長必需的機動性，真的考驗著我在「輕重緩急」上的抉擇；以生教組長該當的職責，也考驗我陪孩子處理紛爭的平和韌性！

歲末的一個星期三上午，是特教電子週報我的專欄截稿的時間，最少都要花去我一個小時才能整理好一篇「教室傳真」；「那一個」星期三，我還背負著家裡「抓漏」工人的隨時來電，也背負著得隨時去電給昨晚臨時決定搭今早八點自強號從花蓮回宜蘭看醫生的女兒。上班的途中，我不斷祈禱著：請讓竹林國小的全體親師生「相安無事」！

一踏進辦公室，見到智文老師，想起昨天阿結的心事還沒聊完，想跟智文老師借課對全班進行團體諮商，沒想到智文老師先遞給我兩大張「熱騰騰」的輔導記錄，看到個案名稱是阿牛，相較之下，阿結的心事算小咖的呢！再一聽，昨晚十一點智文老師已經在電話中領受了阿牛家長的火爆威脅，我知道：今天又會是一個充滿挑戰的星期三。因為過去幾次的親師互動，我有把握我跟阿牛爸爸應該可以有比較舒緩的對談氣氛，所以自告奮勇的告訴智文老師：待會兒，阿牛家長來的時候，通知我一聲！

踏出辦公室，準備執行生教組的晨間任務，看見小孫同學站立在寒風中的穿堂，一問，「啊！慘囉！竟然就是引起阿牛家長火爆的主因要角！」這樣的星期三，肯定非同小可！從小孫口中陸續招出的相關人物還有洋洋、阿祥、小豬，我就更加篤定：阿牛必定做出了「極端」震撼的挑釁言行，才會聚集這些「逆緣」！絕對不會是家長口中所說的「阿牛是弱勢的受害者」。

「且先不要預設立場！」我這麼提醒著自己。

被告知阿牛家長已經到校長室了，我也趕緊移步過去。聽到阿牛爸爸激動且不滿的控訴著學校過去的處置不當，我抱歉的說：「對不起！我今年是生教組長，校園內發生這樣的糾紛，我竟然到現在才知道，真的很對不起家長。」

不料阿牛爸爸丟出一個震撼彈：「這已經不是第一次了，以前向學校反映，都沒有得到解決，這一次阿牛恐懼到不想來上學，如果學校還不處理，我就自己帶人來！」哇！在孩子面前這麼說，實在是很不恰當！我提醒爸爸：學校有學校的方法。

我問阿牛爸爸：「可以交給我來處理嗎？」

爸爸可能擔心老師不能「完全」理解孩子的恐懼，堅持他要「直接」面對另一方的孩子們。我動之以情的請爸爸將心比心，如果今天是阿牛要去面對對方家長的氣焰，阿牛將會是怎麼樣的心情？

爸爸斬釘截鐵的表示，絕不會容許自己的孩子做出傷害別人的事！

我好言相勸，試圖讓爸爸瞭解教育單位要處理的不僅僅是誰對誰錯，也不是直接就把孩子叫來訓斥一番就了結，我們比較期待的是：透過信賴的對話關係，讓雙方孩子都能自我覺察到，從這件糾紛中學到哪些寶貴經驗是未來可以派得上用場的。

爸爸仍舊不放心！我也就不再堅持爸爸不能在場，但，我以堅定的口吻要求爸爸只能旁觀，不能發表意見。還好，阿牛媽媽從旁提醒爸爸讓老師處理。當然，我已經先取得阿牛對由我來處理這件紛爭的信賴與放心。

徵求校長的同意，我們把會談的地點改到會議室，緊急商請林老師上四樓親自把洋洋帶下來，陳主任和小孫同學片刻會談後，決定讓小孫去把相關同學帶到會議室，智文老師則通知了三位與這件事有關的五甲孩子也下來作證。一時之間，會議室坐得滿滿的，除了我和阿牛爸媽，還有十三位小朋友。我的心裡一直有個聲音：平和！放空！善問！深聽！

我相信只要放空，就可以深聽！何況孩子本來就是會犯錯，大人只要保持平和的態度，透過好的提問，自然可以引導孩子看清真相，也看清自己該承擔的責任。當然，我更期待在帶領會談的過程中，能讓阿牛爸媽對學校在處理這樣的紛爭能有「重新看見」的信賴。

首先，我先對自己當下的心情作了背景交代：很遺憾學校發生這樣的事情，更遺憾是我教的六年級的你們！

接著邀請自認為跟這件事有「直接」關係的人談談事情的發生經過：

洋洋說：「我和阿牛打架，起因是星期一下課，我們玩鬼抓人，游小豬在追我，不小心撞到阿牛，他就罵我，我說，你罵什麼啦？接著他就打我，我很不爽的也打他，打完他之後，我就先走下樓，游小豬繼續和他互嗆，我就聽到阿牛叫游小豬『滾啦！』游小豬回嗆，『這裡是你買的喔！』講完，我和游小豬走到樓下，阿牛從二樓向我們吐口水，但沒有吐中。我就警告他，『吼！你吐口水，我要跟主任講，你死定了。』他說，『要講去講，怕你喔！』後來我去上別的課，他比我中指，我也比他中指。」

小孫說：「我是因為洋洋到我們班教室來問我要不要去打一個五年級的？我就去了。但是，我沒有動手！」

博全說：「我是在教室那邊看到他們在吵架的樣子。後來，經過他們教室，我有瞪他。」

育正說：「我也有瞪他。」

祥怡說：「我是在圖書室前被阿牛撞到，然後自己跌倒了！」

對於孩子這麼直接的坦白，我表達了我當下的欣慰！（老實說，這幾個孩子在我的輔導心得中，就是「真小人」啦！雖然經常惹一些狗皮倒灶的事兒，一旦被發現了，卻能立刻就承認，不會東拉西扯的浪費時間。比起阿牛的「鑽」，其實好處理多了！）

表達完我的欣慰，接著轉身問阿牛，剛剛聽到的這些內容，有沒有哪一段與事實不合？

阿牛指著阿祥說：「他打我背後。」

阿祥立刻回話：「我是不小心打到的。」

我問：「有沒有人相信阿祥是不小心的？」

最有正義感的博全問阿祥：「那你有沒有道歉？」

阿祥說「有」，我問阿牛有沒有聽到？

沒想到阿牛很善良的幫阿祥解圍：「那是下課時間，可能太吵了，我沒聽到他的道歉。」

我除了表達對「阿牛能善解」的欣賞，也不忘用「關愛」的眼神「再一次」提醒阿祥：要道歉，就要「道」到確定對方聽清楚了才算唷！（這小子也是挺會「鑽」的。）

我接著問五年級那幾位，為啥也坐在這個場合？

瑞宏說：「我看到六年級來找阿牛，就說『你死定了！』」（哈！「幸災樂禍」是大多數孩子的樂趣嘛！）

堯堯說：「我看到六年級和阿牛吵來吵去，就勸他們不要吵了，可是有一個六年級的來把我拉開。」

「為什麼要把你拉開？」我很好奇那個六年級的動機。

「因為他要我別管！」聽得我頭皮發麻！立刻問：「是誰？」

喔嗚！竟然是「張文皓」！馬上請阿祥上樓把他帶下來。（心裡在OS！最近的六年乙班真該整頓整頓了！）

最後一位五年級女生只表示她有聽到他們在吵架。

我重新整理了我聽到的經過，並請阿牛再一次確認與事實無誤！

這個時候，校長也進來了！（我很感謝過去幾次校長對我處理這類紛爭的信賴與支持。每一回遇到這樣的糾紛，我總喜歡透過「對話」還原真相，讓雙方清楚事情的來龍去脈，也認清自己要負的責任！這一次更挑戰的，應該是透過孩子真誠的回應，讓阿牛家長瞭解：「一個巴掌拍不響」的因緣果報！）

可能年紀的關係而「誤」聽，也可能因預設立場而「偏」聽，對於祥怡在圖書室被撞倒這件事，我始終認定就是衝動的阿牛去撞人的，還真是感謝阿牛爸爸在場，才有機會「抗議」老師一直沒聽懂孩子的意思。

原來，阿牛從祥怡後頭擦身，祥怡自己跌倒了！不過，他倆並沒有起衝突！（這是我對祥怡最近兩個月來最開心的發現：比較沒那麼衝了！）

張文皓很快就被阿祥帶下來，真不愧是棒球隊！不過，對於他為什麼要推開堯堯的勸架，還叫堯堯不要管，文皓卻是啞口無言！我並不急著要他回答，因為只要棒球教練一聲「說」，很快就可以水落石出。（嘿嘿！正向管教是要「多角化」經營的！）

當阿牛確認事實確實如此這般，我問阿牛，現在的心情是？

「害怕！」真是太好了！我還真擔心阿牛會說「沒事啦！」

我緊抓著阿牛的「害怕」，向在場的孩子們說出我對阿牛家長的抱歉，也說明今天阿牛家長會到學校來的擔憂。接著帶大家會談：下一步怎麼走？

我語帶調侃的對著那群六年級的「大」哥哥說：「真丟臉！大欺小！搞到學弟不敢來上學，這要傳出去，叫校長怎麼做人啊！」

「來來來，大家說說看，怎麼消除學弟的上學恐懼症？」我特別盯著洋洋看。沒想到是博全先發言：「請大家都把誤會寫下來，說清楚，以後就沒事了！」

我接著透過三個提問挑戰大家的意念：一、以後看到同學的衝突，能不能不要學文皓只是在一旁看熱鬧？二、不只不要看熱鬧，還可以學堯堯的見義勇為，上前去勸阻！三、如果阻止不了，一定要趕快通知老師來制止。

可能剛剛一番對話讓孩子親身體驗了「衝動行事」、甚至「助紂為虐」的危險性，在場的十三位孩子都表示願意「力行」上述三個挑戰。我安心多了！於是請「間接」關係的孩子先回教室上課，留下事主洋洋、阿牛和敲邊鼓的小孫、阿祥、文皓再深一層的研商：如果劇情可以倒帶重演，各自會選擇哪一段情節轉個彎，就不會是現今的結局？

洋洋說：「我不要對學弟嗆聲，也不要去撂小孫來助陣。」

「你真的受得了學弟的挑釁嗎？」我盯著眼眶仍泛淚的洋洋逼問著。

「我想我會去告訴老師。」我最擔心的實在是這群不知天高地厚的衝動兒，升上國中後遇事仍是氣沖沖的相約自行了斷的後果。

小孫說：「當洋洋來找我一起去教訓學弟時，我不要答應。」雖然是標準的答案，對於我追問的「不要答應的原因」，平日頂嘴功夫一流的小孫，這會兒卻半句話也答不上來。（唉！就是這樣的衝動咩！）

至於阿祥，還是一副「我是不小心『揮』到學弟」的無辜樣兒，但他至少可以說出：「要道歉就要大聲，對方才聽得到！」

最後，是在一旁幸災樂禍的文皓說：「如果勸阻不了，要趕快通知老師。」

孩子，就是不懂事，才需要老師來傳道、授業、解惑。重要的是：大人要能耐得住性子「陪」著孩子「平和」的處理紛爭，千萬不能讓自己的情緒也攪進事件中。

看到阿牛爸爸稍稍柔和的臉部線條，我猜：他也從這段會談中，瞭解到自己的孩子並不是省油的燈，才會惹出這麼複雜的冤冤相報。我走到阿牛旁邊，問他：「現在還會害怕來上學嗎？」阿牛「秀」出他極稚嫩的笑容，搖著頭！我卻不想就這麼放過他，轉換輕鬆的語氣：「不過，下次請你先練好準頭再吐口水，也可以回家請爸爸陪你一起練喔！」望著爸爸也不好意思的笑了，我最後請四個六年級的孩子想想看，有沒有誰有什麼話想對阿牛的爸爸說？

還是洋洋先起頭站在阿牛爸爸面前，恭恭敬敬的鞠了個躬，說了聲「對不起！」然後又哽咽了。接著是小孫、阿祥、文皓的鞠躬。我雖然不知道他們選擇鞠躬的確切緣由，但，我相信透過這樣的會談澄清，較之「單向而嚴厲的訓斥」，他們的鞠躬會是比較「甘願」、也比較不會「化明為暗」的在未來繼續「瞪」學弟！

接下來，學校要更傷腦筋的是：如何讓阿牛爸爸瞭解到孩子的情緒反應都是長期與家長的互動學習而來的。因為，孩子真是家長的一面鏡子啊！

3 不要急著給答案

誠然，孩子是家長的一面鏡子，但如果能啟動「全面接納」的班級經營核心動力，透過「全員參與」的團體對話，啟動孩子思考的引擎，善巧的引導孩子看到同學「其實不壞，只是……」的背後原因，就可以營造友善的學習環境！

當生教組長就不用帶級任，對我真是一種福利；但得陪著不同班級經營特色的孩子對話，對我卻又是一種「難以掌控」的挑戰！特別是六年丙班！

這個「六年丙班」在當時的校園，真是科任老師的首怕！早在前一年的五丙時代，就已經是學務處列管的頭號名單。我上這個六丙的表演藝術、美勞和鄉土語言三堂課。因為被我允許了自由發揮的大範圍，所以和這個班相處起來，還算能應付！只是經常得忍住質問的語氣。

有一天，我才卸下生教組長最辛苦、也最為難的「生活教育」工作，有氣沒力的去上六丙的表演藝術課。我選擇跟孩子坦白我的不舒服。我的開場白先對孩子們做我個人身心狀況的背景交代：「我現在感覺好累！因為早上哭得很傷心，中午又沒有時間閉目小歇，所以，現在我的精神狀況很差。如果等一下，聽不清楚你們的想法，或回應不了你們的意見，甚至不耐煩了，請大家要原諒老師的體力極限，好嗎？」

總是搶先發言的小虎，像是發現新大陸一般：「你怎麼常常會有事情發生呀？」

唉呀！小虎真是一針見血！對六年丙班也的確抱歉了！不知怎麼的？星期一，總會有許多非預期的突發狀況，是屬於我這個全國最老的生教組長該出馬面對的活兒，偏偏我又極容易陷進去對孩子遭遇的「不捨」情緒，總要好一段時間的沈澱，才能「自拔」！所以，對星期一有課的兩班學生真的是不公平的！還好，我的誠實以對，讓孩子清楚老師當下的狀況，也就沒有發生太離譜的師生誤解。

話說這六年丙班，雖然是全六年級最「活躍」、最不容易被約束的一班，但對我的種種狀況，每每給予最真誠的關心：「你為什麼哭？被校長罵唷？」

「怎麼可能？宋老師是全國最老的，校長哪敢罵她！」

「喉！~~你說老師是最老的，你完蛋了！」

聽著一來一往的童言稚語，我的心情頓時開朗了起來！

「老師實在非常喜歡你們六年丙班唷！雖然……」

沒等我把話說完，欣欣已經催促著我：「啊！你到底是為了什麼在哭啦？」

「我早上在處理阿翔被家長告狀的事。」

「家長？是我們班的嗎？」這會兒是ＪＪ搶著問。

「不是！是『夜光天使』班。」有些沒跟上時代腳步的孩子，七嘴八舌的探詢著「什麼是夜光天使班？」

「阿翔怎麼了？為什麼那個家長要來告狀？」最會關心阿翔的小黃追著問。

啊！我忽然靈機一動！不如和孩子們來一場猜猜看，也可以當作表演藝術課的下一個單元「戲劇腳本寫作」的暖身呀！

「讓你們猜猜看，別的家長可能因為什麼事情來學校告阿翔的狀？」

害怕出錯，又超級沒耐性的小虎大聲嚷嚷著：「你不說，我們哪知道啊？」

「所以才叫『猜』呀！」踩過幾次小虎的情緒地雷，我已經得到教訓：沒必要當場糾正他「得理不饒人」的敵意氣勢，更不需理會他「咄咄逼人」的囂張言語！我學會了：只要在意這孩子至少還有興趣想參與課程活動，就可以了！

雖然六年丙班讓許多科任老師傷透腦筋，但在具有挑戰性的提問中，往往也是他們最可取、最能表現團隊凝聚力的時刻。

果然「可能的」答案一一出籠：

「偷東西」、「打人」、「語言挑釁」、「逃學」……。

「逃學」這個猜測引起多數孩子極大的「不以為然」，我立刻拋問：「為什麼有那麼多不認同的聲音？」

「像在教室上課，雖然阿翔學不來，他也從來沒離開過教室呀！」、「而且，他很少遲到耶！」、「對啊！即使科任課，他也都會乖乖的坐在位置上，頂多是趴著睡覺而已。」我真的好欣賞六年丙班可以發出正義之聲。

「好！剩下三個比較可能被告狀的原因，像『偷東西』、『打人』、『語言挑釁』，你們可不可以說說看，你是基於過去什麼經驗事件，認為會是那個被告狀的原因？」我堅持要孩子說事實，而且是自己「親身經歷」的事實，不是聽誰說的二手傳播。

每一個事實被披露的當下，我都會問，「還有誰可以見證這個事件的發生？」這樣的提問，為的是提醒孩子盡量說「公開」的事實，以免因為個人想像或私人恩怨而無的放矢。

如果確有其事，我還會追問：我們班還有沒有其他同學也會有像阿翔那樣的行為？我會這樣追問，目的在讓團體有「共同」的正義，「齊一」的標準，不要因個別差異（如家庭背景、學業成就或人際優劣）而有不平等的評價。但，我不讓孩子說出誰誰誰也會那樣，只是要幫團體釐清：這些行為「並不是」只有阿翔獨有。

六年丙班雖然好辯，又常常理直氣壯，但今天的這場猜猜看遊戲，倒是誠實得可愛極了！沒有我原先擔心的相互告狀，反倒是自我覺察、自我醒悟的一一呼應。我相信是這樣的「自覺」，所以，在接下來的「對症下藥」讓我讀得好感動！

我說：「哇！你們的真誠讓老師好感動，我決定要再送你們一堂『比手劃腳』戲劇遊戲。」

聽到歡欣鼓舞的叫囂，我接著說：「現在請大家利用剩下的三分鐘，用筆告訴我，關於阿翔會用言語挑釁別人，你猜猜看可能的原因是什麼？你想建議老師可以用哪些『有效』的辦法來改正他？當然，你也可以針對『拿東西』或『打人』寫下你對阿翔的觀察與關懷。」（我和孩子取得共識：把「偷」改成「拿」，只有ＪＪ一時間還不能接受，直嚷著：明明就是偷！還好，嚷著嚷著，ＪＪ自己覺得沒趣，也就停了！）

孩子們努力要表達的同學情誼，真的是讓我感動的！

同學Ａ：

(1)語言

原因：可能因為有人先逗他，所以他不喜歡，才會口出惡言吧？

辦法：叫大家不要故意去逗他，並且是真心的和他做朋友，而不是鬧著玩的。

(2)拿東西

原因：可能是他沒有那樣東西，但卻想要那個物品。

辦法：溫柔的告訴他偷拿別人的東西是很不好的。

(3)打人

原因：應該是有人逗他或他想引起注意吧？

辦法：告訴他打人是件不好的事，假如是為了交朋友也不可以用這種方式交朋友。

同學B：

(1)語言

原因：可能是他爸爸過世，讓他性格偏激。

辦法：大家慢慢提醒他。

(2)拿東西

原因：自己家庭經濟不好，想要求更好。

辦法：大家把用過的東西送給他。

(3)打人

原因：因為他的爸爸已過世，心情不好。就覺得大家都很不好。

辦法：老師和大家盡量忍耐，忍耐到不行就告訴老師。

同學C：

(1)語言

原因：他說話不經大腦。

辦法：當他說不雅的話時，要好好糾正他，警告他下次不能再說。

(2)打人

原因：他有時候太衝動而打人。
辨法：要提醒他，脾氣不能太暴躁，以免他以後把別人打成殘障。
(3)拿東西
原因：他常常偷東西。
辨法：如果他偷東西，要叫他歸還，並警告不犯，如果他再犯，就送到警察局。

同學D：
(1)語言
原因：因為他人緣不好，而犯錯次數很多，所以他只是想要找機會和別人聊天，但不小心就說出不好聽或不該說的話。
辨法：讓他管好自己，這樣大家會和他做朋友。
(2)拿東西
原因：他會偷東西的原因，是因為看到同學有，所以才會也想要有。
辨法：自己存錢買。
(3)打人
原因：他會打人是應該有人先挑逗他，不然他不會主動打人。

辨法：不和那種人往來。

我相信「如是認定，如是顯現！」的力量。

看來，六年丙班的孩子們都可以看到阿翔不當行為背後的原因：「其實他不壞，只是缺少愛！」從他們提出的策略與辦法，也不難讀出孩子們的慈悲心。接下來的挑戰是：我有信心「放大孩子們的慈悲心」嗎？

答案是肯定的！

看看也同樣有著情緒困擾的同學阿Q寫的：

(1)語言

原因：控制不了自己，別人挑釁他。

辨法：把他的嘴巴摀住，貼膠帶、禁足、捉去輔導室。

(2)拿東西

原因：沒錢買東西，不敢讓別人知道他家境不好。

辨法：叫他賠錢，沒收他的權益。

(3)打人

原因：控制不了自己，被別人挑釁。

辦法：把膠帶綁在他手上，捉出去。

雖然阿Q的辦法都有暴力傾向，但他對阿翔的觀察仍舊是很細膩的。所以，我對要啟動六年丙班「全面接納」的班級經營核心動力，仍然信心十足唷！當然，還是要感謝六年丙班級任老師的寬量，率先接納我以生教組長介入他的班級經營，我才有機會與這一班的孩子連結起更深的師生緣。

4 激發孩子本然的悲憫心

類似阿翔這樣的弱勢孩子，越來越多！

在六年丁班的一場團體對話中，我也因為善用提問，而點燃了孩子的慈悲心，讓阿易有比較友善的學習氛圍。

六年丁班有一個毫無家庭功能的阿易，在我第一次踏入六丁教室，感受到班上大多數同學竟然大剌剌、赤裸裸的嫌惡、排斥，甚至蓄意捉弄著一個弱勢同學，我的心好痛！雞婆如我，是不可能對這樣不公不義的事情視若無睹，我總是告訴孩子們，每個人的好惡本來就有落差，不必勉強自己一定要和誰成為朋友，但，最起碼的，我們不能欺負別人。

在取得導師願意讓我介入他的班級經營的諒解後，我隨時尋找「恰當」的時機點。

就在一次美勞課程裡，我終於對六丁表達了我看到班上同學「好像」隨意、或「喜歡」刻意找阿易的碴，我認為六丁是一個沒正義感的班級。沒想到我對六丁的評論引起「不平之鳴」，接著聽到了不少人對那幾個挑起爭端同學表達出的不屑和不恥，我知道這是一個「能得救」的班級，需要的是：可以引發孩子自覺、自主行動力的對話交流。

我隨口問：「你認為自己不曾欺負過阿易的請舉手！」

哇！真是好消息！居然有將近十隻手高舉著！而且從高舉著手的主人眼神，我確定這個班級可以經由「有效的問、接納的聽」引出源源不絕的正義感。好欣慰哩！

我請其中一位同學擔任正義小組的召集人，被我揀選的阿德，是導師曾經提過班上極少數願意主動協助阿易的孩子。我請阿德全權決定，組織一個含他在內共十個人的正義小組，我們並相約星期三一早的閱讀時間來談談阿易需要的協助事項。我期待透過與十人小組的會談，可以啟動六丁「全面接納」的班級經營核心動力。

今天一到辦公室，就有孩子來問我：「正義小組要在哪裡開會？」

應該是「好的開始」唷！

會議展開的第一個提問是：「說說自己會想要參加這個會議的動機。」

「在教室很無聊」、「我不喜歡這個閱讀時間」嗄！原來是為了逃離班級活動而來，但佳佳說：「我並沒有欺負阿易。」小黃說：「我想來聽聽別人的看法。」宜宜說：「我不喜歡有人故意找阿易的麻煩。」感謝這幾位正義女神帶給我的信心。

第二個提問：「你們為什麼不去欺負阿易？」

對這樣「逆向思考」的提問，孩子們顯然都愣住了！好一會兒，阿豪才發言：「他又沒惹到我！」

我趕忙進一步澄清：「你的意思是不是說，如果阿易惹到你，你就會欺負他？」

阿豪用抗議的語氣糾正說：「那不叫欺負！」

（對吼！所以，我們等一下可能要先對「欺負」這兩個字下一個大家都認同的定義唷！）

冠憲說：「我知道他不是故意的！」（哇！真是菩薩心腸！）

宜宜終於說到問題核心：「老師，其實是阿俊和阿成先去挑釁阿易的，他們都故意用椅子或球拍擋住阿易的去路，如果阿易要強行通過，他們就會對阿易動手，阿易一還手，他們就打得更大力！」

這個話題引起很廣的迴響，有人對阿俊、阿成兩人的惡行加以描述、甚至補充其他例子，有人還提到另一組「老是」喜歡找阿易麻煩的人物，如：安安、賢賢等。

因為時間關係，沒能讓孩子繼續實況報導，我打住了有助於還原真相的告狀話題，轉個彎提問：「這些同學在欺負阿易時，你們在場嗎？你們當時說了些什麼？又做了些什麼？」

這個問題問得正義小組面面相覷！只有佳佳義憤填膺的說：「我有叫阿俊和阿成不要為難阿易。」

然後呢？有用嗎？

佳佳接不下我的追問，看起來有些挫折和遺憾！我卻有些不忍！畢竟才十二歲，能要他們有多高的正義感呢？要教孩子的應該是：對看不過去的事情，除了心裡遺憾外，可以有哪些行動？

我期待校園內的每一個「大」人，在接到正義小組的通報時，都能放下手邊的事務，在第一時間趕到「現場」制止這樣的不公不義之事，千萬不能等閒視之；如果可以，我還希望能對這些欺負別人家孩子的學生家長來一場宣導，以免欺負同學的事端越演越烈，甚至演變成校園霸凌的傷害事件。

最後，我請這十位同學答應我：從現在起，不只是不去找阿易的麻煩，一旦發現有同學故意挑釁別人，千萬別火上加油、或坐視不管，要勇敢的對那些同學說「不」，如果制止不了，一定要在第一時間找到老師來處理，絕對不要等到阿易「被」激怒而動手。最高目標，我還希望正義小組可以進一步的瞭解阿易的學習需求，進一步的協助阿易有效學習。

以為今天真是功德一樁，沒想到小黃臨去前憂心的說：「可是只有我們十個人，有用嗎？」（啊，是喔！只有這十個乖乖牌的善良孩子，哪抵得過阿俊、阿成、安安、賢賢這幫智慧型孩子的計謀？）

「那就多邀一些同學加入我們這個正義小組啊！」我用力的鼓勵大家多邀一些「好人」來壯大正義小組的規模。

一時之間，「可以找敏敏嗎？」、「可以找……」引起熱烈討論！

看來，六丁的「全面接納」真的得救了！得救的，不只是阿易一人，還有六丁的其他孩子呢！更欣慰的是，我也從導師的眼神讀到「終於鬆了一口氣」，雖然只有30分鐘，孩子的悲憫之心被激發了！

提問！提問！

不要「輕易」給答案！

不給答案，才能啟動孩子思考的引擎，才會有教育的創意！

5 慈悲沒有敵人

不過！少了慈悲，就不可能建立起「對話關係」！

要訓練孩子啟動思考引擎的「自主學習」時，所可能引起的家長恐慌與質疑，必需要當一回事，慎重的看待！

二〇〇九年，對我來說，經歷了許多人生的重大轉折，不論是學校工作或家庭生活，在每一次跌跤後的重新爬起，體會最深的一句話是：「慈悲沒有敵人」。尤其在生教組長一職的角色扮演，在「抓」與「不抓」、「報」與「不報」的拿捏分寸上，「慈悲」成了我的最高衡量原則。

有一個星期三的全校放學，我就經歷了一場「背離慈悲」的「無對話」慘痛教訓。

事情的起因是：中午放學的尖峰時間，有一位阿媽騎著機車從大門口逆向而入，我認出這輛機車已經不是第一次如此犯行，所以，請主任和導護老師出面攔阻，沒想到，阿媽把主任的指揮手勢當作「只是」路人甲乙的意見參考，依然我行我素的逆向長驅直入，導護老師見狀表示：遇到這類家長，真有說不出的無奈！我則回應：我幾乎天天面臨這般「秀才遇到兵」的無力。

待我返回家長接送區，眼見「孫子」就將跨上機車，趕緊向前「勸誡」阿媽：「如果再逆向行駛，我就要開罰了喔！」阿媽倒也接受的說著：「以後不會啦！」

壞就壞在我一時嘴巴「癢」，不客氣的嗆了阿媽一句「歹勢，這不是你的第一次了喔！」大概是在孫子面前被抓包，阿媽不好意思的惱羞成怒，不但抵死不承認她「曾經」逆向過，還對我「嗆」她是第一次見到我，要我別亂說。

「吼！」我心想：「想要呼嚨我？」看到阿媽還口中唸唸有詞的、一副「不然你想怎麼樣？」的態度，我火大了！堅持要阿媽停下車，到校長室談一談。阿媽丟下一句「我很忙，沒空理你。」就踩緊油門要離去，我只好也丟下一句「小朋友，老師明天會去教室找你。」大人教不了，只好從小孩下手囉！像過去的幾次政令宣導，借重小孩的「傳達」力，效果果真好許多哩！

才不過十分鐘不到，又一輛逆向而來的機車，一看！不是誰，正是剛剛那個阿媽騎的機車，這次換阿公當騎士，祖父母夾著二年級的孫子來討公道。阿公說：「不對的是大人，你做什麼要找小孩算帳？那我叫議員來評評理。」

雖然我嘴裡吐出的是「我沒有說要去找你孫子算帳」，但，我瞭解家長「孩子猶如老師手中人質」的恐慌心態，此刻說什麼都無濟於事，只希望這對怒髮衝冠的阿公阿媽別讓孫子太難堪、甚至帶給孫子負面的學習教材。

我一面要阿公把車牽離車道、一面要阿媽到校長室再說。可是，氣不過的阿公已經撥了手機給議員，似是而非的轉述阿媽告訴他的冤情，並不忘指控老師的兇暴，讓他害怕孫子會受到不人道的對待。

我除了同情他們用錯了方式，也嘆息這對老人家的弱勢。正巧校長要出校門，見狀過來瞭解怎麼一回事！

阿公聽議員不能趕過來，有點失望，只好說，會請校長打電話給議員，事實上，校長老早站在阿公後頭了。所以，校長把手機接了過去，並對電話那頭的議員解釋「誤會啦！」

但是，阿媽並不領情，一股腦的對著校長傾訴她的冤屈，重複說的，就是老師不應該找她孫子算帳，卻不曾為自己逆向行駛的行為認錯。

望著阿媽的激動情緒，我的心裡浮現一句話：「憤怒的背後是恐懼。」

突然阿媽指著我咆哮：「代誌是你惹的，那ㄟ攏丟叫校長在處理！」

我才回神：「現在輪到我說了，是嗎？」

說實在的，阿公打手機企圖搰議員來理論的舉動，我非常不以為然！心中不斷的ＯＳ：「什麼跟什麼嘛！」但，想到「憤怒的背後是恐懼」，就莫名的升起一份同情心，是怎樣的恐懼，讓阿媽出此「模糊焦點」的不當伎倆；再想到「慈悲沒有敵人」，就決定先為自己的「口快」道歉，雖然，我一直聽得到自己委屈的心跳聲。

我先彎下腰來，問二年級的孫子：「你知道我是誰嗎？」小女孩點點頭。我再問：「老師說明天要去教室找你，讓你很害怕，是不是？」小女孩也點頭。我接著說：「讓你感到害怕，老師跟你對不起！你知道老師去教室找你要做什麼嗎？」小女孩搖頭了！「老師要教你回去告訴阿媽逆向騎車很危險，萬一被撞了，你和阿媽都會受傷。老師不是要去教室處罰你，現在你知道老師的用意了嗎？」女孩點點頭。「那你現在還會害怕嗎？」女孩搖搖頭。

可能我對孩子的道歉，讓阿媽的恐懼稍稍降溫，居然開始說出自己的不對，還說不應該對我「嗆」，不過，阿媽還是有「但書」，轉頭對校長說：「老師也給我嗆！」

我不想再跟這個「老」人家計較，吞下委屈，我跟阿媽說：「可能剛剛你急著走，我說話太快，讓你誤以為我會對你孫子不利，讓你害怕了，我現在跟你對不起，但是，從頭到尾，我都沒有要去找你孫子算帳的意思。」

沒想到阿媽又一次說自己的逆向是不對的。我繼續告訴阿媽：「我不是要和你算誰對、誰不對，我真正關心的是你的安全，尤其又載著這麼小年紀的孫子，逆向又騎那麼快，萬一出代誌，要按怎？」聽阿媽說她不會了啦！忽然覺得這阿媽滿可愛的，只是有點兒「番番」。

緊接著，我轉身對一旁有點兒不知所措的阿公說：「阿公，你剛剛一來，沒聽我說分明，就打電話說要撂人來，我很不舒服！我不是怕議員來，而是很傷心你怎麼沒看到我是為了阿媽的安全著想才這麼做的真正好意，尤其在孫子面前這樣對學校的老師，我認為很不恰當。以後，再有這樣的事，希望阿公你先冷靜一下。」然後再對阿媽說：「既然你這麼害怕被老師知道，我就不去教室找你孫女的老師，但是，你一定要記得，不可以逆向騎車唷！」

我用我不輪轉的臺語，一口氣說了這麼長一段話，除了佩服自己的口才，更佩服自己當下的覺醒：慈悲沒有敵人！

後來校長是怎麼打圓場而讓這祖孫三人組離去，我已不復記憶；只記得我是帶著一股無法形容的心酸回到辦公室，一路上被知情的同事鼓勵著，一直到校長從校外打電話回來關心我受到的委屈，眼淚才終於滾了出來。

是真的滿委屈的！

唉！也許正像這一年來走過的許許多多的委屈一般，老天要我學的正是這門對話功課：「慈悲沒有敵人！」聽校長說他很欣賞我在這件事情上沈穩的應對，我也要謝謝校長對我的慈悲。

「慈悲」，會站在對方的立場提問！

「慈悲」，會給對方時間和空間，不急著「給答案」，也不急著「要對方給答案」！

「慈悲」，真是對話關係得以信賴的源頭活水！

第五章

對話不訓話，提問不質問

1 對話的難

「人的一生，無時無刻不在對話關係中！」這是我的恩師陳怡安教授在指導我們修練與人對話的深聽功夫課程時，開宗明義的起頭語。

對話難嗎？

對我來說，極難！

我從「訓話」的習性，邁向「對話」的慣性，從「質問」的語氣，調整到「提問」的態度，一路上跌跌撞撞，好不艱辛！一因，我性急；二因，我沒耐心。多年的人際關係，特別是容易落入權威性掌控的師生、親子關係，更需要經營「以對方為中心」的對話關係，因為，只有「對話」，才能理解；只有「理解」，才能善待！

在一場學習「對話vs.訓話；提問vs.質問」家長成長講座後，一位爸爸哽咽的分享了他因為「不會對話式的提問」，而痛毆了國中生的兒子。雖然已事隔多年，相信兒子也早已淡忘，這位老爸卻仍不能釋懷，所以，勇敢的現身再三叮嚀在場的爸媽們，小心經營親子的對話關係！

故事是這樣：

讀國中的兒子，半躺在客廳沙發上讀教科書，音響開得極大聲。老爸看不過去，撂下一句：「你這樣讀得下書，我頭給你！」

兒子沒好氣的回說：「我就是要這樣才讀得進去啦。」

老爸不滿兒子回話的語氣，怒斥：「你這是什麼態度？」

沒想到兒子也怒氣沖沖的站起來，並握住拳頭！

老爸問：「你是要打我嗎？」

兒子轉身回房，「碰！」重重的關上房門！

老爸氣死了，拿起雞毛撢子，衝進兒子房間，怎料兒子很乾脆的就舉起雙手，準備接受老爸的體罰。

這下，可真惱了老爸！不只打手，連雙腳都不放過。

霹哩啪啦揍一頓，見兒子不哭，更氣！說了狠話：「給我滾！」

嘿～～兒子還真有骨氣！抓起書包，往門外衝～～

老爸也跟著衝出去，把正坐在門口穿球鞋的兒子，用力揪了回來，繼續一頓毒打！

打到聽到太太和女兒的求饒聲，自己忽然清醒一般，兒子卻已是遍體鱗傷！

這位爸爸說，如果一開始，他選擇了今天講座教授的「提問式對話」：「兒子呀！我看到你在讀書，我很欣慰！可是，那音響的聲量會不會太大啦？」他相信故事會朝向完全不同的路線發展。

2 女兒教我學會「提問式對話」

我除了佩服這位爸爸敢於自我揭露的勇氣，我也懊悔於自己對待女兒的「訓話式質問」。

我在女兒小學畢業前夕給她寫了一封信：

親愛的女兒：

明天就是妳小學的畢業典禮，在妳畢業的前夕，媽媽有好多好多話想告訴妳！

「能擁有妳」是上天送給爸爸和我最神奇、也最寶貴的禮物，為了「保」有妳，爸爸陪著媽媽經歷了「十」年的懷胎抗戰、陪媽媽承受了五次懷孕失敗的痛苦與沮喪，外加二年「考績丙等」的臥床調養。看著妳成長的日子裡，我們同樣經歷了所有父母都曾有的養兒育女甘苦，比較幸運的是，妳從小就極規律的吃睡作息，讓我當起媽媽來真是「喜樂」多於「悲苦」，尤其妳優於同年齡孩子的獨立與創意，更讓我們常常在其他孩子的父母面前可以驕傲的不停炫耀「生一個像妳這樣的女兒真幸福！」

然而，「創意」的另一面也同時伴隨著「有主見」、「桀驁不馴」的個性因子，加上妳臨界「學習障礙」的不善言詞及語法錯亂，經常為了辭不達意而急得跳腳，以致傷了我們親子間的和氣，好幾次惹得人稱「特教專家」的爸爸破口大罵，惹得人稱「教改推手」的媽媽對妳動粗！可是每回責罰過妳，看妳誠心向善的認錯，我們的心裡總有一陣的心酸與不忍，再想到我們在各種場合勸其他家長要接納孩子有犯錯的權利，要接納孩子有不得已的學習困難，要接納……，卻對自己的女兒不夠耐性、不夠尊重，便要為自己「說的是一套，做的是一套」的言行不一致感到羞愧甚至自責！

還好！妳是一個善體人意的孩子，許多情緒來得快，去得也快。好多次聽妳批評學校行政不當，聽妳抱怨老師處罰不公，聽妳謾罵同學言行不良，都讓同樣處在教育界的我們，因為身兼家長與教師的角色而感到好生為難，掙扎著該如何助妳一臂之力，讓妳少一點「我執」，多一點「寬容」。好多次我和爸爸還陷在「怎麼辦？」的教養衝突泥淖裡，妳卻早已是一副沒事人的樣兒。唉！常常覺得被妳打敗了！

就是這麼有挑戰性的女兒，不斷考驗著我「對話 vs. 訓話；提問 vs. 質問」的修為！

看著女兒在小學畢業後，進入更難掌控的青春期，我們因為能對話，心中常常迸出驚喜的火花！但，有時也因為忙、因為累，而忘了「對話式的提問」，經常是「訓話式質問」後，才自責不已！

3 小心對話不訓話，留意提問不質問

有一次女兒貼心照顧重感冒的我，那也是一段美好的對話！

還記得那場感冒的不舒服持續了一週，多虧小學四年級的女兒細心的照顧，總算危機解除！

「媽，起床囉！早餐已經做好了！」感冒最難過的第四天，是女兒打電話上樓叫我起床，實

在沒力氣爬起來，只好回答：「謝謝你，你先吃，我再躺一會兒。」

約莫十分鐘後吧！內線電話又響了！「媽，法國土司快涼了，趕快下來吃！」

「好！」可是我一起身就感到頭重腳輕的，好難過！於是又躺回床上，掙扎著要不要請假？

又過了十分鐘吧！「媽，我要去上學了！你要趕快起來吃早餐，不然會長螞蟻。」

「乖女兒，謝謝你，媽媽今天大概要請假了，你上學路上要小心喔！」

說是要請假，卻惦記著今天沒能在女兒出門前和她說 Bye-bye。（我喜歡每天目送女兒走路上學的感覺；偶爾得空，我還喜歡從窗台遙望走在田間小路的她，邊走邊玩、邊向大自然打招呼的悠哉樣兒！看女兒迎向快樂、希望的神情，是我上班前最享受的一刻。哪怕只是驚鴻一瞥，我都好滿足！）再想到雖然前三節沒課，卻答應了要陪隔壁班遭退訓的四位棒球隊同學聊聊心情的鬱卒，還是得強打起精神上班呀！

勉強下到餐廳，一張紙條讓我感到好窩心！「有2小塊法國土司，考箱還有考土司一片。Judy 上 6:58」除了兩個「烤」是別字，我看到了文字背後女兒的關懷與生活自理的能力。女兒親手煎的這兩小塊法國土司嚼在我口中，分外的香甜！

隔天下班，我拖著疲累的身軀買了便當回家，囫圇扒了幾口就上床休息，交代女兒「所有電話都幫媽媽擋掉！」一覺醒來，唉呀！客廳讀書會的時間到了，恐怕已有人來了吧？下樓來到客廳，發現女兒已招呼了讀書會的老師們就坐，那輕巧熟練的待客之道，竟讓我毫不被打擾的多睡了一會兒。

再隔一天，投完票回到家又好難過，迷迷糊糊睡著了，隱約聽到腳步聲上樓來，原來是女兒寫了字條躡手躡腳的想放我床頭，「媽媽：我去 7-11 影印功課，有事打 0953 那支手機，3:45 前會回來。Judy 上 3:25」昏昏沈沈中看了紙條，我放心的點點頭，對女兒的守時、自我安全照護，我是有信心的！

果然她在三點四十五分前就回到家，並且上樓向我報平安。我告之：「媽媽很不舒服，家裡還有沒有康寶濃湯？你可不可以煮給媽媽喝？」「好，我煮好再叫你。不然等涼了，我再端上來給你喝。」女兒下樓，我又睡著了！

「媽，我聽到你打噴嚏的聲音，我知道你醒來了！」女兒手上端了一碗濃湯和一盤法國麵包，躺在病床上的我，真是覺得幸福啊！

人是不是在軟弱的時候，才能深聽？才懂得惜福？才知道對話的重要？

與女兒的對話關係，時好時壞，關鍵在於能否警覺到「對話還是訓話？提問還是質問？」

看女兒小學時期的樂天，好多人問我，「你真的不擔心你女兒的學習嗎？」

其實是會的！尤其數學的演算速度、機械操作的解題能力及無關日常生活議題的學習內容（如當時小六正在學的「分數除以分數」這種生活中根本用不著的課題），她沒興趣學的那德性，經常惹惱我，也經常讓我們母女倆處於緊張局面。

有一日，我讀了英業達前副董事長溫世仁先生從「兩岸年輕人的競爭力看臺灣學校教育內涵」的一篇演講稿，我真是被震了一下！溫先生語重心長的指出：「學校要教的，不是老師會的，而是社會要的！」

我自問，我知道社會的脈動嗎？我能教給學生他們未來要面對的社會所要的能力嗎？體貼能幹的女兒，沒興趣學那些無關她未來社會需求的東西，作媽媽的我，要如何調適呢？眾多還是擔憂眼前學科競爭力的家長，又有多少人有那樣的眼光去看到孩子未來要面對的社會需要的是什麼能力呢？什麼時候，學校教的都是孩子喜歡學，也是孩子未來將面對的社會能派得上用場的能力呢？

我問：究竟該教給女兒和學生的能力是什麼呢？

「小心對話不訓話」，「留意提問不質問」，可以讓我們對孩子的需求多一份體貼的瞭解！

我經常主動為了班級幾位特殊學習需求的孩子一一與家長聯繫，我在孩子身上的用心被一些家長看到了，卻也讓一些家長焦慮著！那又是考驗著我：「對話還是訓話？提問還是質問？」也曾嚇出一身冷汗的看到自己帶了面具的對話風格，羞愧～～

4 沒有對話就無法理解、無從善待

想起一個歷歷在目的錯誤案例，證明了：沒有對話，就無法理解，當然，就不能善待！以致讓我懊悔至今～～

有一個叫「阿千」的學生，小學三年級時，編入我班，以我對特殊孩子特質的敏銳度，見面的第一眼，我就知道這個阿千是個大挑戰！而且阿千的家長一開學就對我擁護有加，讓我對阿千有一份特別的愛！

開學一個月後，阿千爸爸給我寫的第一封家長留言，督促著我的教育使命：「帶好每一個孩子！」

阿千爸爸的留言：

感謝關心所有學生的宋老師：

記得我兒子阿千在一、二年級的時候，我還真擔心他這麼好動會帶給一、二年級洪老師的困擾，擔心的事也過了。到了三年級又要換老師，這心情就像熱鍋上的螞蟻一樣，不知對孩子的成長幫助大或小。

到三年級，阿千回到家，告訴我，說他們老師是臺北來的，是姓宋名慧慈，我就說這名字很好聽，你們班上同學一定是最幸福的，阿千就問我為什麼呢？我就說，老師來到宜蘭，是上帝安排送給你們全班同學最有知識的一位老師，因為這老師很有智慧，心地又慈祥，一定很有耐心，等你們大了就知道。

兒子在宋老師的教導，確實常與家長互動，甚至別班沒有的學習方式，特別的節目，小時候孩子玩過的遊戲，在三年Q班宋老師的帶領下，阿千都會告訴我們作父母的，說宋老師今天帶我們做什麼事，聽在父母的心裡，由衷的感謝，我兒阿千在三年Q班有宋老師的教導。

宋老師真的很感謝您！為了阿千專注力問題，妳的課程都在早上將重點全部教給阿千，也時常溝通建議，讓我們作父母的不知如何感謝宋老師，但老師有什麼是我們作父母須配合的，請不要客氣，一定要告訴我們喔！

話說這個一向對昆蟲、爬蟲類等小動物興趣極高，而且堪稱專業的阿千，早在我接到編班通知的輔導記錄，讀到非文字瑞文式智力測驗（C.P.M.）百分等級「竟然只有5」的那一刻，我就意識到這不是一個「普通」的孩子。果然開學後，向低年級導師打聽的結果，我高度好奇阿千的亞斯柏格特徵，之後，確實在諸多團體活動中，他有許多的行為特質都疑似「亞症孩子」，再加上注意力嚴重缺失，導致同儕人際關係大受影響；偏偏班上還有一位阿千的遠房親戚阿欲（高功能自閉症），對阿千喜歡東抓西撈的「昆蟲觀察」癖好，極端不能容忍到恨之入骨，所以，我幾乎天天要承受這對「哥倆好」的精神施壓。

我知道對一個亞斯柏格症孩子的癖好，「防堵」或「嚴禁」根本解決不了問題，必須從特教的專業知能協助亞症孩子處理他的癖好。班上其他孩子倒是能接受阿千這項特質，唯獨阿欲只要見阿千帶小昆蟲來教室，簡直像世界末日般緊張與激動。有一天，我透過團體討論，終於在信賴的對話關係下，讓阿欲說出他對阿千養小昆蟲的「不以為然」，如：「你都會把小昆蟲養死掉」；「你的手已經得了蜂窩性組織炎，再去抓那些小動物，手會爛掉」；「養小昆蟲害你上課都不專心」……

雖然阿欲口語表達不靈光，但在班上孩子善解的接納與釐清的補充下，還算清楚的說出他堅持的想法。然後，我請阿千一一回應阿欲的想法，我的底線是：阿千得針對阿欲的擔心，說出讓阿欲能放心的「養小昆蟲」策略，阿千才可以繼續帶小昆蟲來教室。

阿千真的是「說比唱好聽」！

阿欲當然也不是省油的燈！一句「你每次說的，都做不到！」深深勾起我在處理阿千各種衝突事件對話時的慘痛教訓，當下只能用「再給阿千一次機會嘛！」的鴕鳥理由說服阿欲的「好像」先見之明。

我開始要求阿千每天寫「昆蟲飼養」的四格漫畫日記。

也善用阿千的圖畫長才，讓他的造句多得一些鼓勵，期待他的人際關係正向些。

雖然阿千傷害小昆蟲的行徑，曾經成為眾矢之的；我也曾經因為沒有耐心，加上未曾「有效提問」去幫助孩子瞭解「愛之，適足以害之！」的因果，而強制規定：一律不准帶跟課程內容不

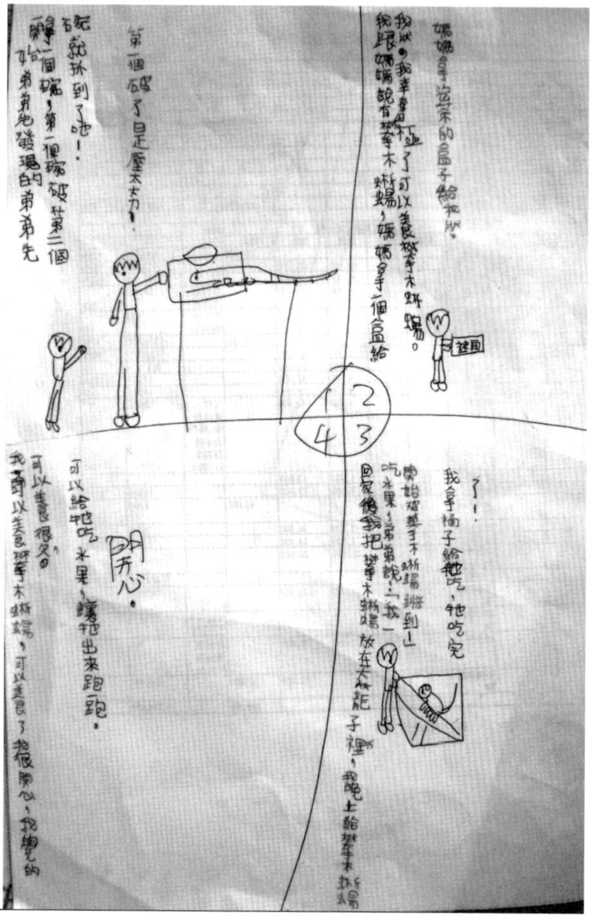

阿千寫的「昆蟲飼養」四格漫畫日記。

相干的「所有」物品來學校！那真是全天下最簡單、卻也最不負責任的班級經營方式。還以為這麼規定，就可以「一了百了」，其實是「化明為暗」！

有一天，我想通了！

與其讓阿千偷偷摸摸養蟲，而把蟲養死，不如化暗為明，讓阿千在教室一隅開闢一處「養蟲區」。（他取名為「昆蟲小莊園」，雖然有一個錯別字，但，絕對是阿千最愛的原汁原味。）

再一次透過團體對話，和阿千約法三章——不可以把蟲養死、不可以因此又害皮膚過敏、不可以上課不專心。

令我感動的是蕙蕙提出的：為了不讓阿千牽掛蟲蟲的安危，可以允許阿千每十分鐘，就去「昆蟲小莊園」望一眼。雖然全班都認可，阿千自己卻說，他可以忍到下課再

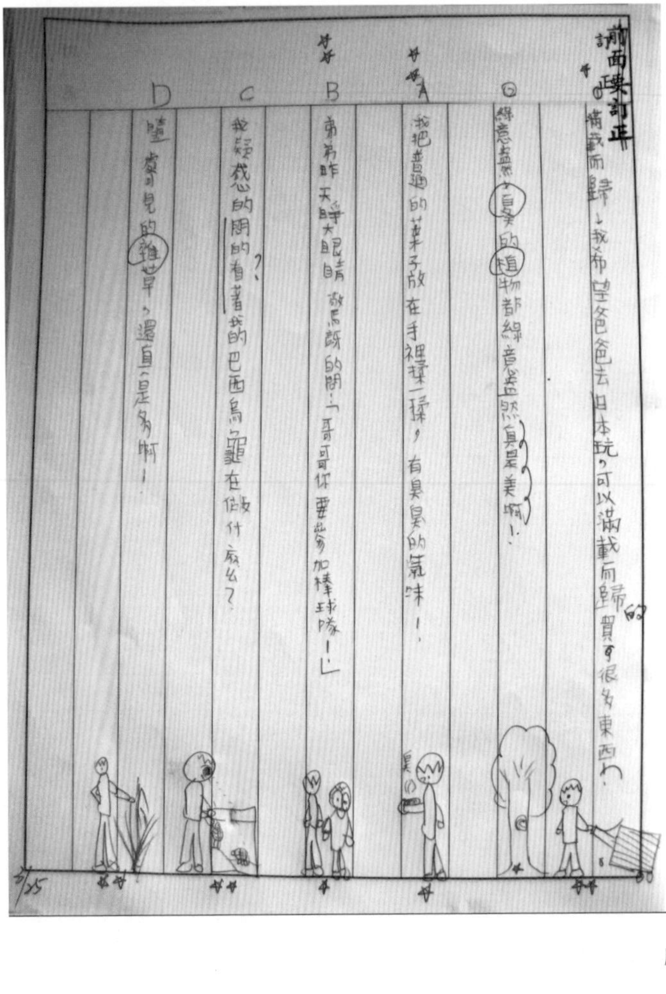

藉著阿千的圖畫長才，讓他的造句多得一些鼓勵。

去看！多感人呀！

更難得的是：死對頭的阿欲居然也同意阿千可以帶蟲來教室了，但，還是一貫「自閉症候群」的平平語調，阿欲重申唯一的條件是「阿千，你不能上課不專心喔！」我心裡暗笑：天曉得！全班最常被提醒「看老師」的，其實是阿欲呢！

期待這樣的因材施教，可以「因對話而理解，因理解而善待」，讓阿千的學習特質可以被全班善待。

讓我很欣慰的是：在我「全面接納」的班級經營宗旨下，孩子們也能「對事不對人」的處理同儕的怪異行為，該說的、該指正的，義正辭嚴，毫不含糊；說過了、聽明白了，也就雨過天青，還是哥倆好！

所以，儘管阿千還是偶爾會把寵物養死、還是會為了牽掛昆蟲而上課心不在焉，但同學對他在昆蟲專業上的肯定是讓我感動的。只要一發現「新品種」的小寵物，立刻請阿千前去鑑定；只要發現圖書室又有關於昆蟲的新書上架，也會立刻向阿千通風報信。

所以，阿千對昆蟲系列叢書上的每一隻昆蟲，瞭若指掌，哪一隻昆蟲在哪一集裡的哪一頁，三兩下就可以翻得出來，然而，對於國語課本裡，哪一個語詞在哪一課，卻總是搔首抓耳、苦笑以對！

那年的實習老師細膩的寫了一篇對阿千的觀察記錄：

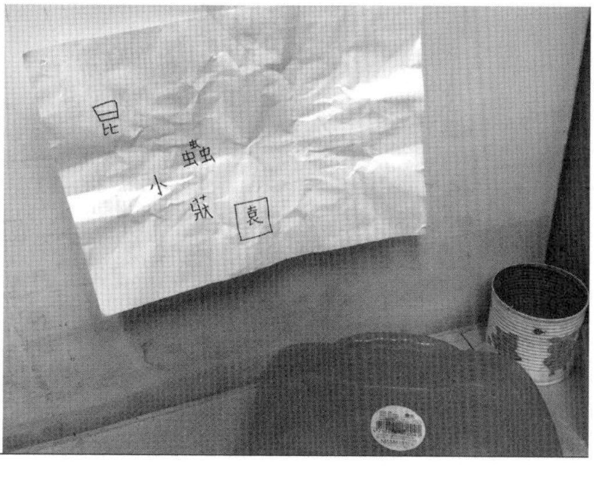

阿千的「昆蟲小莊園」。

昆蟲小專家

由於上週端午節彈性放假的關係，這禮拜六必須補上禮拜五的課，全校的課輔班當天暫停一次，原本中午放學後孩子們都應回家，不過，下午教室裡還是來了兩位小客人：阿千及阿恩這一對寶。

阿千媽媽事先告知要讓他留到五點再來接送，因此他中午放學就留在教室。趁我離開教室的一會兒，他用灑水器把教室的好幾張桌子都噴濕了，原先自認為有趣的行為招致了一堆麻煩事，當然必須請他自行承擔後果，用抹布擦桌子，並用拖把清理地板。對此，他倒是有自知理虧，沒有太多的不耐煩，反而樂在其中，對他來說，做這些工作比寫作業有趣多了。做完清理工作，我請他把聯絡簿和社會習作拿出來寫，跟他預告寫完就可以吃他喜愛的李子，並觀賞動物影片。阿千聽了很高興，寫完就可以吃李子對他來說有很大的激勵，社會習作也就在當天代課的吳老師協助下理解書寫內容。

這時候，已經返家的阿恩帶著他養的蠶寶寶回教室向阿千求救。原來是阿恩的蠶寶寶都不吃他摘的桑葉，讓他擔心極了，怕蠶寶寶餓壞了，所以想請阿千帶他去摘桑葉。我跟阿恩說，阿千的功課快要寫好了，等他寫完我再跟他們一起去摘桑葉。阿恩欣然同意，等待的時間阿恩也把數學習作訂正好了，接著兩人高興的一同去教室圍牆旁找尋桑葉的蹤跡。

不一會兒功夫，我們發現一株疑似桑樹，阿千告訴阿恩：「等等，我聞一下就知道了！對，這個是桑葉。」「你之前採的那個不是桑葉，難怪牠們都不吃。你幫牠們移過來這邊，我家那邊有很多很高的桑樹，我等一下回家再摘幾片桑葉給你。」就這樣，熱心又專業的昆蟲小博士阿千幫阿恩解決了他的問題，阿千跟我回到教室，阿恩也放心的回他家。

回到教室，我讓阿千吃完李子後，接著觀賞動物影片，內容是動物機智問答，對阿千來說是很吸引他的主題，而且他也答得很好。我跟他說每答對五題就累積一個集點章，看看他能夠蓋幾個章，他信心滿滿的接受這個挑戰，果然也答得很好。

他一邊看，一邊告訴我他很小的時候就會抓蟲，結果把爸媽嚇壞了，還說自己什麼都不怕，只怕蜘蛛，而且是沒有毛的蜘蛛，毛蜘蛛他還不怕咧！這小子的喜好還真是跟其他人大相逕庭呢！不過，他這樣的「長才」也要有人懂得欣賞，我告訴他，爸媽和宋老師都對他很好，讓他可以養這麼多的寵物，還可以跟寵物一起上課，多好啊！他聽了也直言：「對啊！宋老師對我很好，讓我養很多昆蟲。」他哪裡知道，老師除了同意他在教室養昆蟲，還費盡心思和全班一同討論規劃他的寵物區，讓全班接納他的特殊性，以免埋沒他的天分及興趣。

我一直覺得阿千本身就長得像幾種動物，細細長長的眼睛配上一副朝天耳，活脫脫就像是卡通漫畫中的人物。而他更像劇中人物的是古靈精怪的特質，雖然學業表現差強人意，但是只要是生活上的大小事，他的腦筋絕對動得比別人快。如果大考只考一科自然，他可能會因此變成小狀元吧！可惜的是，我們似乎對孩子的要求太嚴苛，希望每個孩子都能面面俱到，讓他們無形中承擔了許多壓力。

如此特殊的孩子即將升上高年級，真心希望他未來也能遇到一個像宋老師與這樣全面接納他的班級，讓他繼續快樂學習。

5 把小蛇養在內褲裡

讀了實習老師的實習手札，想起我對阿千曾把一條小蛇養在內褲裡的「訓話與質問」歷程，我羞愧極了！

那是發生在阿千四年級時的五月天！

一個星期五的下午，教師辦公室的討論話題，都圍著學務主任處理「阿千內褲養小蛇」的輔導策略打轉！有人對這個孩子的膽識嘖嘖稱奇；有人露出不可思議的眼神；有人認為他腦袋有問題！

我因為另有要公，急於離校，只好「再度」請家長來協助處理。

之所以說「再度」，是因為午餐前一發現小蛇不見了，我的直覺認為是阿千藏起來的，可是，不論好言相勸或威逼利誘，阿千仍是東拉西扯，一副「打死不認」的態勢。我只好殺出最後一招（雖然心知肚明：這招「滿冒險的」！卻已苦無對策）：「如果今天找不出那條小蛇，星期一，你也不必來上學啦！因為你觸犯了『公共危險罪』！」

這要感謝前陣子才又出紕漏的阿宗，讓我有機會和十歲孩子談「何謂『公共危險罪』？」所以，阿千理該知道公共危險罪是要被送去警察局的。

不過，他還是一臉無辜的說：「我真的不知道『牠』是什麼時候鑽出去的」。

看他那對隱瞞的眼神，老實說，我有一股打「醒」他的衝動！（那當下忽然理解：為什麼執法人員會經常忍不住的就動用刑罰！）還好，終究還是選擇打了手機請媽媽來學校。媽媽說，她正在忙，請爸爸來！

果然不到十分鐘，爸爸趕來教室了！阿千也吃完午餐了！我讓父子倆在走廊邊把這件事「喬」出個頭緒來，我也繼續著我「食之無味、棄之可惜」的午餐。想起第四節英語科任課，孩子們發現阿千又偷偷摸摸在玩蟲，向英語老師告狀，引起了一陣騷動。我先請阿千把昆蟲盒拿來「昆蟲小莊園」，等英語課下課後，我才藉「事件拼圖」瞭解事情的原委。

原來，第三節下課，小鐘在操場角落發現一條長約十公分左右的綠色小蛇，鬼鬼祟祟的帶了阿千去「採集」，並相約兩個人要養牠。可是，聰明的小鐘知道把小蛇養在教室是會被罵的，所以，把這任務交給阿千，還誇阿千是昆蟲專家，比較會養！向來考慮不了後果的阿千，當然是樂得擁有小蛇，於是，就把小蛇和原先的一隻大小黑艷蟲養在一起。沒想到，那隻大小黑艷蟲正是阿峻前兩天「走失」的蟲子，當下起了一場爭執，阿千又是那副被冤枉的委屈樣兒，一再說同學都不相信他。（老實說，我也很難相信他！）齊齊起身看了一眼，立刻說：「我敢說這隻大小黑艷蟲是阿峻的，因為我有幫阿峻做記號。」

聽得我真是傻眼！昆蟲也能做記號？

但聽齊齊言之鑿鑿的述說著他如何把一小塊泥土「塞」在那隻大小黑艷蟲腹部縫隙，阿千的眼神顯出些許的不安，顯然「又」被抓包了！

「老師，還有一條小蛇！」齊齊扯著沙啞嗓音控訴著阿千的罪行。我一聽「有一條小蛇」，簡直嚇壞了，但在學生面前還是強裝鎮定，以訓斥的口吻質問阿千：「蛇在哪裡？」

「沒有啊！」

「有！」齊齊說是小鐘帶他去抓的！聽到小鐘的名號，我已經胸有成竹了，這阿千果然是傻！被朋友賣掉了，還高興的幫朋友數錢呢！

唉！每回遇到小鐘有狀況，我都會因為家長的因素而感到更棘手！這下，得先把小鐘誘引阿千行動的「是非」問題擱一邊，趕快把小蛇找出來比較要緊。

阿千一副「就沒有啊！煩咧！」的態勢，我不得不逕行搜身。徵求不怕蛇的孩子來檢查阿千身上的口袋、書包、隨身袋等。（現在想起來，心猶餘悸！如果那是有毒的小蛇，我豈不是害了英勇的阿祥了嗎？）

結果卻是一無所獲，我一則以憂、一則以喜。喜的是：還好，阿祥沒被蛇咬；憂的是：到底那條蛇躲在哪裡呢？

對我這麼一個「談蛇色變」的老師來說，這件事真是為難極了！所以，只好請家長來協助！

過去幾次阿千的「失憶」狀況，只要爸爸出手，事情總可以很快就水落石出，這是我一直滿願意接納阿千林林總總「怪」現象的原因之一，感覺上，阿千的爸媽就像我自己的弟妹般，對我的教學設計、輔導策略總是信賴有加，也經常對阿千在我手上後所展現的各方面進步表示感謝。所以，一旦請家長來學校，他們夫妻倆必定全力配合，不會畏縮，更不會錯怪是老師故意找家長麻煩。

可是，這回阿千的爸爸無功而返，在走廊現出一臉的挫折，好像不知如何向老師交代。顯然，他也看出自己孩子的隱情，但，就是不知如何破解！

等全班放學後，我把阿千托給隔壁班老師代管，準備和阿千爸爸好好聊一聊我對阿千「容易」失憶的觀察與擔憂。

我說：「我真心感謝每一次阿千有狀況時，您們夫妻倆願意在第一時間趕來學校，這代表您們對我的信賴與支持。現在，我要和您探討的不是孩子出差錯的『果』，而是想邀您們一起來找出阿千不能在第一時間面對錯誤、承認錯誤的『因』，也許是家庭、也可能是學校的管教需要調整。無論結果是什麼，我真的很謝謝您們對我的信賴。」

然後，我問到最近的家庭生活是否有比較大的變化？印象中，阿千近一個月來「好像」注意力更短暫、衝動性更高張？

阿千爸爸是我會談過諸多家長中，極少數不會抱怨妻子、也不推卸責任的好爸爸，他誠懇表達對阿千媽媽的歉意，因為自己的工作負荷，長期把孩子教養的重擔都讓妻子一肩挑，現在為著家庭經濟考量，妻子也得外出工作分攤家計。蠟燭兩頭燒，無形中，確實帶給妻子更多的壓力，當然也就少了對阿千的關照，以致於醫生開的「加強專注力」處方藥已經用完了，卻一直都抽不出空再回診去取藥，難怪阿千最近「注意力不足伴隨過動」的症候群故態復萌。阿千爸爸說他今天就會和媽媽好好研究夫妻的壓力分攤。

我聽了好感動！我知道真的不是孩子的錯，但，總得找出有效的對策啊！我請爸爸除了繼續讓阿千服用「加強專注力」的藥外，也請爸爸找醫生安排心理諮商師，和阿千聊聊對昆蟲的癖好，及阿千經常出現「做了，卻不記得」的短期失憶現象。

大約會談了半個鐘頭，阿千爸爸回去上班，阿千回到課後輔導班，我則陷入「怎麼辦？」的挫敗深淵！

又過半個小時，我看到外聘課輔老師左一袋書包、右一袋便當盒，口中還唸唸有詞的催促著阿千快快離開輔導班，我快步上前問明原因，喔！我幾乎要昏倒了！

外聘老師說：「小朋友看到阿千身上有蛇！」

「哪有！」阿千還是倔強的否認著。但，我已經猜到蛇在哪裡了！

我迅速把阿千拉過來身邊，並帶到男廁所，脫掉他的上衣，忽然意識到「有可能被告女老師對男學生性騷擾哦！」趕緊請學生找學務主任上樓來處理，說時遲，那時快！學務主任就在眼前！不過，阿千還是振振有詞的不斷「沒有啦！」「就真的沒有啊！」

經過一番折騰，我聽到從殘障廁所傳來的對話，先是主任要阿千脫下褲子，阿千回答：「要脫，你自己脫啊！」然後是主任的驚訝聲：「唉唷！你不怕蛇咬你的小雞雞啊？」

我果然猜的沒錯！阿千真的把小蛇藏在內褲裡面。但，他還是連聲辯稱「不知道是誰放進去的？」

再一次請阿千爸爸來協助，因為我已經察覺到自己精疲力竭了！（雖然特教輔導專家都說，這類孩子的行為有趣，要好好鼓勵，不要折殺了一位偉大的生物學家，可是，做為基層教師的壓力與為難，豈是偶爾來聽聽個案狀況的專家學者所能體會？）

聽著辦公室老師討論這個孩子的輔導策略，我感到好無力、好無力！看著爸爸來把阿千領回去，我感到好無奈、好無奈！我一直努力的「全面接納的融合教育」，真真實實的踢到鐵板了！對於阿千今天所呈現的偏差行為，我要負哪些責任？為阿千生命的未來找出口，我還能做些什麼呢？

身心俱疲的回到家，接到阿千爸爸來電，我流下了「自責」的眼淚！

「宋老師，很謝謝您對我們阿千總是不放棄的一遍又一遍的苦口婆心。我剛剛抱著他哭了，我告訴他，在爸爸心中，你永遠是我最棒的兒子！沒想到，他也哭了，哭完，就承認小蛇是他怕被老師發現，會被罵，所以，只好藏在內褲裡！」

啊！原來孩子的謊言是老師逼出來的！原來孩子不敢承認錯誤，也是老師製造出來的。

我放下阿千爸爸的電話，跌坐在客廳地板，久久站不起來！

等我整理好思緒，也擬定了對阿千的後續輔導策略，立刻電話回報學務主任，學務主任也透過 E-mail 傳來了他對我經營班級的肯定：

宋老師：

您辛苦了！處理類似阿千這類孩子的問題最棘手了。

一般老師將行為上有偏差的孩子送到學務處，我大都採速戰速決的方式，也很快就可以讓孩子承認所作所為，並願悔改。但阿千從上一次的「蠶寶寶」事件，就讓我感覺無法即刻處理完成，發現要花很多時間去跟他耗，效果也不是很好，可能需要長時間瞭解他的生活情形，從中找出適當的處理方法。

「昆蟲小莊園」是您目前很棒的策略，讓他自己能說出自己上課會專心，可以忍到下課再去探視之語，著實讓人動容，又是一件極佳的正向管教案例。

您辛苦了！不過，最近偶爾見到阿恩，發現他有一個特色，就是會微笑哦！不像兩月前剛轉來時的不友善。可見您的辛苦有代價，謝謝您！

目前五年級有一班也有諸多不同問題的學童，都很具挑戰性，希望哪天我們可以一起想出有效對策！

還是要謝謝您的辛苦！

比起孩子的爸媽，當老師的辛苦，其實是小巫見大巫！

我很懊惱沒有和阿千多對話，沒有透過提問消解阿千的心理恐慌，大多時候是訓話、更多時候是質問！

稍稍能寬心的是，阿千會對實習老師說：「對啊！宋老師對我很好，讓我養很多昆蟲。」但，如果我不只是讓他養蟲，還可以透過「有效提問」，引導他進行獨立研究；也藉由團體對話，讓他有機會向同學分享養蟲心得，甚至激發他連結繪畫的強項能力，出養蟲專輯，必能成為日後的昆蟲專家。

有這些遺憾，都因為「沒有對話，只有訓話！」都因為「不會提問，只會質問！」

果然，惟有「對話」，才能「理解」；惟有「理解」，才能「善待」。

6 點燃「全面接納」的團隊熱情

三年愛班，是我教學生涯的「最後一班」！我為這最後一班，立下班級經營願景：「三愛，愛自己、愛朋友、愛自然！」也為這最後一班隔年升上四年級時的四年愛班，立下「四愛，四處都有愛！」的班級願景。每天的導師時間是我和孩子們討論「如何落實班級願景」的對話時光！

出乎我預期的是：「融」在三愛、四愛這麼一個普通班級裡的「單親」、「失親」、「隔代教養」的孩子，比例高得嚇人！因「少子化」或「雙薪家庭」所帶來的學童情緒管理問題，也非常棘手；部分家長及行政官員在高科技的「速食」文化變遷中，對基層教師教學產能的要求，更為我帶來極大的工作負擔。加上「三愛三寶」（衝動三寶、分心三寶、暴怒三寶、肯納三寶、學障三寶……）的不定時震撼彈，簡直就像是考驗我的新兵試煉。面對學童的學習關卡、面臨家長的教養焦慮，即使年過半百、已屆退休之齡的我，都得經常自我提醒：「正面思考，時時都美好；負面思考，事事都不妙！」才能安然且愉快的度過二〇〇七年的「三愛，愛自己、愛朋友、愛自然！」並且有信心的繼續朝二〇〇八年「四愛，四處都有愛！」的下一階段邁進。

無疑的，「全面接納」對話教學是我面對三愛諸多三寶時，「有效」也「有笑」的班級經營最高指導原則。

回歸「全面接納」的對話精神，謹守「對話，不訓話；提問，不質問」的正向管教系列活動如下：

活動概覽

「有效」也「有笑」的全面接納班級經營——帶好每一個孩子！

類別	活動名稱	活動重點
1. 和諧的師生關係	(1)共同勾繪願景；共同解決問題。	親師生透過會談交流，確認「三愛，愛自己、愛朋友、愛自然！」班級經營總體目標是：「帶好每一個孩子！」
	(2)三愛週記一句話。	每週透過朗朗上口的一句話，帶動三愛親師生實踐共同願景。
	(3)自治幹部我在行！	落實班級自治幹部的權責歸屬，建立師生穩固的信賴基礎，同心齊力解決班級的共同問題。

2. 有效的經營策略	(1)一個巴掌拍不響！	認識並接納同學的學習特質，不輕易被人挑釁成功！
	(2)三人行，必有我師！	學習「論語」經典智慧，設法改變團體，並採取行動。
	(3)自覺是治療的開始。	討論「反省信」與「悔過書」的不同，覺察自己言行舉止需要精進的缺點，並勇於改善。
	(4)誰是三愛劉興欽？	每週一幅四格漫畫，記錄自己對班級的貢獻或感謝同學對團體的付出。
	(5)感恩我所擁有的！	透過「體驗式」生命教育，如：「當聖嘉民啟智中心院童的小主人」、「體驗飢餓」、「在黑暗中做事」等對話教學，懂得「惜福，再造福」。
3. 合作的親師互動	(1)感人的班親會。	「開好班親會」！讓好的開始成為班級經營成功的一半，在會中說明並討論「班級願景」的重要精神，提醒並請求家庭教育的配合。
	(2)引領家長走進教室。	深談「家長參與，孩子受益！」的多元價值，邀請家長「愛自己的孩子，也愛別人的孩子！」
	(3)做家長的良師益友。	透過雙向交流道，傳達「家長是老師教育事業的重要合夥人」的意義，並強化「親師合作，孩子才知怎麼做！」的家庭教育重要性。

流程說明

（一）和諧的師生關係

⑴共同勾繪願景；共同解決問題。

所需時間：約兩節課（八十分鐘）。

運用時機：新學年度開始的第一天。

提問引導：

- 從布告欄貼的班級願景：「三愛，愛自己、愛朋友、愛自然！」讓你聯想到哪些人？哪些事？哪些景？
- 努力做哪些事就可以漸漸達成班級願景？相反的，出現哪些言行舉止，就是違反了班級願景？
- 要落實這個班級願景，在目前的三愛環境條件下，會面臨哪些挑戰（或關卡）？
- 當面臨這些挑戰（或關卡）時，身為三愛的一分子（親師生全含），你願意承擔哪些責任（或採取哪些行動）？

⑵三愛週記一句話。

所需時間：全年無休。

運用時機：最好固定於每週一的導師時間（或曰：師生心情時間）。

提問引導：

● 看到黑板上的這一句話，你會想起上一週三愛發生的哪一件事？
● 在這件事情中，你扮演的是正向、還是負向的關鍵角色？請分別說一說「事件發生的當時，你是什麼心情？」
● 請搜尋引發你會有那些行動的導引線是什麼？你喜歡同樣的事件再一次發生嗎？
● 一起來想一想：在未來的這一週三愛生活裡，如何落實這一句話的意義？

(3) 自治幹部我在行！

所需時間：約一節課（四十分鐘）。
運用時機：新學期第一週的頭三天。
提問引導：
● 會談：三愛需要哪些班級幹部？各要負擔哪些權責？
● 會談「自治」二字的意義與如何落實其精神？
● 如果你當選三愛幹部，你要如何扮演好這個角色？如果你不是班級幹部，你又要如何配合幹部提出的規定？
● 隔天，請幹部基於自己的權與責，說明需要同學「特別」配合的事項有哪些？並於月底和導師會報：幹部經營心得或提出工作困難關鍵因素。

三愛週記一句話 96 學年度第一學期

第二週	時間滴答過，分秒要把握。
第三週	時間很寶貴，不能無所謂。
第四週	一寸光陰一寸金，寸金難買寸光陰。
第五週	時間就是金錢，時間就是生命。
第六、七週	盛年不重來，一日難再晨，及時應自勉，歲月不待人。
第八週	三愛，愛自己，愛朋友，愛自然。
第九、十週	園裡種菜不長草，心中有愛不生恨。
第十一週	說好話，如口吐蓮花；說壞話，如口吐毒蛇。
第十二週	說話音量放低低，懂事有禮笑嘻嘻。
第十三週	提升健康，像春天草木般欣欣向榮； 點亮心燈，像清晨曙光般照亮大地。
第十四週	走廊集合守規矩，輕聲細語愛團體。
第十五週	嘴巴脾氣不好，心地再好，也不能算是好人。
第十六週	太陽光大，父母恩大；感謝教誨，不要頂嘴。
第十七週	學會賺錢沒什麼，學會珍惜時間才了不起。
第十八週	不怕慢，只怕站；不怕錯，只怕惰。
第十九週	學如逆水行舟，不進則退。
第二十週	珍惜自己的天賦，尊重別人的價值。

三愛週記一句話 96 學年度第二學期

第一週	心中有愛，就會人見人愛。
第二週	主動想，主動問，主動找答案。
第三週	做環保，除了淨山、淨水以外，還要淨心田。
第四週	心美，看什麼都順心，都漂亮。
第五週	溫和的語氣，像一支美妙的歌曲。
第六週	不只快，也要 RIGHT，不然就會欲速則不達。
第七、八週	相信自己能，你就一定能，別說不可能。
第九週	不只快，也要 RIGHT，細心認真，準備大考。
第十週	不只快，也要 RIGHT，千萬不要欲速則不達。
第十一週	一切成果，都是由時間累積而成； 時間，是人類最珍貴的寶物。
第十二週	天天五蔬果，醫生遠離我。
第十三週	一個巴掌拍不響，好球壞球多思量。
第十四週	一個巴掌拍不響，好球壞球多思量。
第十五週	正面思考，時時都美好；負面思考，事事都不妙。
第十六週	享福的同時，要記得繼續不斷的撒下福的種子，才能生生不息。
第十七週	用心盡力，無私奉獻，展現真誠的微笑，就是最美的臉龐。

（二）有效的經營策略

⑴一個巴掌拍不響，好球壞球多思量！

所需時間：約兩節課（八十分鐘）。

運用時機：當班級出現有成員喜歡用言語挑釁別人時。

提問引導：

● 教師示範「雙手擊掌」和「單手揮拍」的景象，問學童有何發現？

● 教師板書「一個巴掌拍不響」，並會談：自己有沒有能力判斷要不要「接」別人的巴掌？「接」與「不接」，對「自己」、對「對方」，甚至對「班級」各會有哪些不同的結局？

● 教師再板書「好球壞球多思量」，引導學童除了敏銳覺察對方拋壞球時，自己可以選擇哪些因應對策？教師更要鼓勵學童自我提醒：「自己隨時隨地都要拋好球唷！」

● 當遇到同學情緒高張（激動）的時候，立即「委婉的」使用這句話相互提醒，以免事端擴大！

⑵三人行，必有我師！

所需時間：約兩節課（八十分鐘）。

運用時機：同學彼此有八成的熟悉度（約第十週）。

步驟簡介：

●教師板書論語「三人行，必有我師！擇其善者而從之，其不善者而改之。」並說幾則孔子與弟子的趣味對話。

●會談「三人行」句中的「三人」、「三人行」、「我師」、「善者」、「不善者」、「從之」、「改之」在三愛團體生活中的「翻譯」說法。

●連續兩週，每天都找自己以外的兩位同學組成「三人行」，並觀察記錄不同的兩位同學的「善」與「不善」，回歸「以愛心說真話」的精神，送給同學「愛的悄悄話」。

●學期最後一天，藉用黃綠卡分別表達對同學的欣賞、感恩、接納與激勵。

(3)自覺是治療的開始。

所需時間：全年無休。

運用時機：當幹部發現事態嚴重時，以反省信代替悔過書來改善失序的行為。

策略運用：

引用憲憲和小忻的說明：

親愛的爸爸、媽媽：

老師今天發這本簿子是反省簿，因為以前犯錯的處罰是抄課文，有些同學認為犯了錯只要抄課文就沒事了，而並沒有反省。所以班長決定把處罰的方式改成寫反省信，這樣大家才會真的反省。

從現在開始，只要犯錯的人就要寫反省簿，但是會分為兩種，一種是反省信，一種是反省造句，比較嚴重的是反省信，比較輕微的是反省造句。

我覺得我會被罰寫的原因是，我講話的口氣，所以我要改掉這個壞習慣，才不會被罰。我要和您們約定只要我改掉這個壞習慣，我就不會被罰了。

憲憲 敬上

97年3月24日

親愛的爸、媽：

工作愉快嗎？因為我覺得我們班上的同學用罰寫課文的方式幫助好像不大，所以我和兩位副班長一起討論，最後我們決定要採用寫「反省作文」或「反省造句」的方式。反省作文是在上科任老師的課時，不乖的小朋友要寫的。而反省造句則是在早自習時被閱讀王允瑄登記到的同學寫的。

我覺得我這學期可能只會寫0篇或1篇的反省造句或反省作文。

小忻 敬上

97年3月24日

反省信舉例：

親愛的小忻本尊：

上學愉快嗎？今天，我寫這封信是要告訴妳，有關反省信的一切。

首先，讓我來告訴妳，妳寫反省的原因和總共有多少篇，第一篇：整隊太慢；第二篇：回條到學校才補；第三篇：離開座位沒合椅子，桌上沒淨空；第四篇：走廊上奔跑；第五篇：三寶沒帶，國習最後一頁沒簽名。

我覺得妳要改進的方法是細心謹慎，不要急著玩，這樣才可以避免寫反省喔！祝

平安、快樂

分身 小忻 敬上

6月3日

親愛的瑄瑄：

妳已經寫3封反省了，本來妳跟爸媽約定絕對不會寫到，可是已經破功了，真丟臉！第一封的原因是下課時桌上沒淨空，而被劃叉叉，第二封的原因是沒補同心圓的背景色，第三封則是走廊上小跑步。如果妳又被罰要寫反省，那可是超丟臉的啦！所以我告

訴妳秘方，怎麼樣就不會被罰唷！1、做事細心一點，2、遵守班規，3、常常提醒自己，要成為一個完美無缺的人，這樣就不被罰了！

經過這幾次的反省，妳應該不敢再犯錯了吧！我們一起來努力，在剩下快要放假的日子裡，不要再被罰寫了！祝

平安喜樂

分身 瑄瑄 敬上

6月3日

親愛的恩恩：

妳好！我是妳的分身，我求妳不要再寫反省信，我的腦子都一清二楚的記得：第一篇是沒寫每日一句；第二篇是把花盆丟到樓下；第三篇是沒寫數課；第四篇是沒吃番茄；第五篇是游醫師在講話我在玩牌；第六篇是補考；第七篇是被畫叉叉；第八篇是在走廊奔跑；第九篇是午休寫反省信。所以妳要乖一點。祝

平平安安

分身 恩恩 敬上

6月2日

(4)誰是三愛漫畫家？

所需時間：週末家庭作業（約三十分鐘）。

運用時機：在認識劉興欽的「創意畫作」後。

流程簡介：

●回顧本週三愛的重要事件，以「四格漫畫」記錄之。

●星期一由老師評選「主題極具創意」的畫作展覽於布告欄。

●鼓勵原創者與同學分享主題表現特色。

(5)感恩我所擁有的！

所需時間：約五節課（兩百分鐘）。

運用時機：配合「聖誕節」或「兒童節」的生命教育對話教學。

課程緣起：

順著社會領域課程發展的需求，三愛從十月底開始將「體驗式生命教育」的對話教學融到三愛的「愛自己、愛朋友、愛自然」的班級願景中。一個故事接著一個故事的讀報分享、一部影片接著一部影片的觀賞會談、一本小說接著一本小說的閱讀交流，每一次的對話回應，都是那麼的深刻，那麼的引人入勝。

配合翰林版三上社會課本第二單元「和同學相處」特別強調的品德教育「尊重」的踐行準則：「能以關懷的態度，欣賞並尊重別人的不同處。」陸續和語文領域結合，而加進團體討論的「

閱讀與寫作」教學內容有：⑴寫給唐氏症直排輪身障奧運選手心怡姊姊的一封信、⑵向全盲生點字高手佳雯姊姊致敬的崇拜函，及⑶「認識教養機構——讀《遇見天使在人間》一書，摘記每篇的主角、配角，並隨筆簡要的寫出與自己生活經驗連結的心情有感。

（三）合作的親師互動

⑴感人的班親會

所需時間：兩小時（不含會前準備時間）。

運用時機：每一「新」學年度開始前，及每一學期的第一週。

進行流程：

- 發一封讓家長心動、且有所行動的班親會邀請函；
- 用心設計班親會會議議程大綱；
- 營造暢通的親師雙向交流道，真誠的擁抱家長的點子；
- 善用「傾聽」、「接納」的回應態度，歡迎家長隨時走進三愛教室。

⑵引領家長走進教室

所需時間：全年無休。

運用時機：隨機！（特別適用於「當創新教學發生時」。）

策略運用：

- 多用聯絡簿邀請家長參與班級教學活動；
- 邀請表現特殊的學童家長，寫下自家獨門的教養秘訣（偏方），與三愛家長分享；
- 當「創新教學」發生時，趕快列印「教學手記」傳達教師設計該創新教學活動的用意；
- 選印「網路流傳」關於親子教養的好文章，並設計「親子共讀對話欄」，引領家長跟上教育的時代脈動。

⑶做家長的良師益友

所需時間：全年無休。幾乎所有的人都是在當了爸媽之後，才開始學習如何扮演好爸媽的角色，尤其，大多數的家長並非教育從業人員，當面臨孩子的就學關卡，特別是學校生活的適應問題時，常常令家長急得像熱鍋上的螞蟻不知所措！這時，只要孩子的老師多些溫暖的體諒眼神，給些能立即改善孩子學習困擾的教養策略，往往能教家長感激不已！

運用時機：隨機（一旦覺察到家長的焦慮時）！

成功策略：

- 耐心傾聽家長想法（不只聽社會語言、也聽肢體語言，更聽情緒語言！）
- 真誠回應家長意見，全然接納家長感覺；
- 善用「有效提問」，協助家長釐清焦慮關鍵點；
- 與家長建立「信賴的」、「合作的」親師互動關係，做家長在親子教養上的良師益友！

經營「班級」＝經營「人」！透過團體動力，人的自我實現會發展得比較好，而且會越來越好。當一個人開始認同一個團體（組織），他就會開始努力「想」從這個團體（組織）中成長，成長速度的關鍵在：團體（組織）是否容許每一個「個體」能「做」出個別的貢獻來？當一個人意識到「他（她）」可以在團體裡做出成績來，也預見得到「他（她）」可以在團體中，繼續不斷的成長，「他（她）」就願意承擔責任，願意讓「正向影響」的力量發揮出來。

與一個班級最直接相關的就是「親、師、生」三種角色，要創造「親師生三贏」的班級經營，唯有藉助「欣賞式」的對話力量，不斷的欣賞與重現班級現況中「最好的」事例，並且繼續創新，打造班級「明天會更好」的未來景況。

我相信：「如是認定，如是顯現！」班級經營中，親師生注意的焦點，會漸漸形成實際的情境，如果班級經營的焦點是在找問題，就一定會找到問題；而且，當注意力的焦點集中在問題上時，自然而然就會將問題給放大了；相反的，如果親師生都學習使用欣賞的眼光發現「班級」的美感，設想每件事物都有它的美，透過欣賞的眼光，「班級」就會是一種美感與精神的表現，「全面接納」就顯得輕而易舉，當然也就能日漸找回今日臺灣中小學失落的品德教育。

在我努力點燃「全面接納」的團隊熱情時，「不信人心喚不回」的堅定信念，是我「帶好每一個孩子」的心靈雞湯。我用心對「師生關係」的傾聽回應，多一些對話方法的進修；也對「親師互動」的尊重接納，多一份對話精神的落實；更對「班級經營」的激勵肯定，多一份有效策略的精進。我發現：一旦點燃了「全面接納」的團隊熱情，班級經營自然就「有效」也「有笑」。

第六章

九條好漢的班級經營

我在民國89年，也就是千禧年的西元二〇〇〇年，全家從當時的臺北縣新店市「移民」到宜蘭縣三星鄉。

經過教師遴選制度的面試，我順利考進了夢想中的宜蘭縣冬山鄉柯林國小，那是一所非常迷你的小型學校，全校總共有78個小學生，校長安排我接六年級畢業班，這一班只有10個學生，後來又轉走一名原住民孩子，所以，最後只有9個畢業生，是當時宜蘭縣很轟動的「九條好漢在一班」！

帶領「九條好漢」的那一年，正是教育部準備推動「九年一貫課程精神」的前一年，我因為在臺北市已經參與了「小班精神教學」方案的推廣，對這九條好漢的各項學習活動，我都採用「意識會談法」的對話教學，引領著九條好漢寫下宜蘭縣許多創舉，也因為我對每條好漢生命的肯定，善用對話機制，激發了他們願意參與的意識，而營造了班級和諧的共同體。

我在給這九條好漢的畢業致詞——「還記得嗎？」記錄了我和九條好漢「攜手走過」的點點滴滴，見證了「『提問』確實比『給答案』還重要」的真理。

1 初見面的那一天

還記得嗎？

我們初見在去年的7月31日，我比正式到職日提早一天，趕在你們的返校日來柯林報到，為的是看看學生數不到十人的班級是什麼樣的氣氛。

很遺憾！我只見到朝賢、惠鈞、吟吟、惠妮、佳琳、鈺群及當天就辦轉學的怡柔，雖然只有二男五女，雖然只有短短兩個小時，但是您們自動賣力的打掃新教室，讓我這個剛從都會區移民來的「臺北老師」不得不讚嘆：鄉下小孩果然「會」做事。

放學前，我請求大家一一自我介紹，真實的感受到鄉下小孩羞怯的純真。然而令我難以接受的是，您們純真、羞怯的另一面，竟是那般無情的、恣意的批評著一個男生，而他除了偶爾回幾句「哪有！」「現在不會了啦！」多數時候他是瞇著眼睛對著我笑。看他的笑容，再看其他人窮追猛打般的挖苦他，我有幾分不忍！他有多壞？怎麼這兩三個女生的嘴巴這麼毒！

「蘇東坡與佛印」的故事映入我腦海，也開啟了我們師生第一場對話！

- 故事中有哪些角色？
- 說說看，他們各是什麼樣的個性？
- 你認為蘇東坡真的贏了嗎？
- 平常生活中，有沒有類似蘇東坡這種人格特質的朋友？
- 你喜歡這樣的朋友嗎？

哇！你們真厲害！很快就從故事會談中領會了：表面上佔上風的蘇東坡其實輸得很慘！而佛印向來「心想好意」，所以隨時能夠「口說好話」。

還記得嗎？臨別，咱們相約一個月後開學日再見面時，大家都要像佛印唷！

2 開學了

記得嗎?開學第四天，我們才稱得上「十全十美」，十個學生總算到齊了!是愛是放洋留學紐西蘭一陣子又回鍋的，薇萍因為家就在學校旁，不再捨近求遠，善合、懷寧卻比我們晚了兩天才開學，他們說「記錯日子嘍!」您相信嗎?

因為身兼「教務行政工作」的關係，我沒有太多授課時間能與大家談心情、聊是非，所以我「威脅利誘」你們每天要寫日記，好讓我分享每一個人每一天的喜怒哀樂，也讓我能及早掌握「教、訓、輔」三合一的最恰當時機。

記得頭一兩篇日記，你們都像記流水帳般，「上完什麼課、換什麼課」、「午餐是哪三菜一湯」諸如此類我不看你們日記，都可以知曉的「天下大事」。只有是愛!最能聊她一天的學習心得，徵得是愛同意，我讀了一篇她自選的日記讓大家知道「日記要記些什麼」。

嘿!嘿!你們領悟力還真高，一下就抓到竅門，尤其是善合、惠鈞的榮譽心，就像那一句臺灣話「輸人不輸陣」，馬上就迎頭趕上，寫出非常有水準的日記。「看日記」成了我每天到學校最期待的一件工作，藉著日記，您們與我分享心情點滴;藉著日記，我也告訴您們我的欣賞與不滿。於是「日記」成了我們師生最佳的溝通橋樑。

「造句」和「日記」一樣曾經那麼讓我費心!

還記得嗎?剛開始，您們的造句短得連個逗號都加不進去。我改得真不過癮!而且，造句內容與生活毫不相干。我實在懷疑，除了應付考試，你們究竟能不能在日常的寫作交談中活用出這些語詞。

感謝上天！您們的可塑性真大！不需「怒目相視」，你們就瞭解我要您們盡量把句子寫長的用意，而且還能以同學、家人，或真實生活為例。雖然因為句子長，錯別字也明顯增加了，我批改的時間當然相對的多了些，但我真歡喜見到您們願意「試試看」的學習態度！特別是阿妮、吟吟的造句常常教我捧腹「偷」笑。

看看去年11月寫給博愛國小小客人的那一封信；看看期中多元評量，你們以小學六年生活為主題，各自擬定題目，將二十個聽寫語詞串連成一篇回憶錄；再看看火車學習之旅的「十大最感」心情記實，對您們「ㄅㄞ」功的進步神速，我真要嘆為觀止！（為了留給大家日後「真面目」的「笑」果，前兩篇登在畢業光碟，我就不為各位操刀潤飾了，有任何不妥，都讓它成為以後「同學會」的笑柄咯！）

另一個曾讓我好擔憂的教學無力感，是你們「回應問題」的能力。有時「答非所問」，有時「啞口無言」，更多時候，你們在猜「老師要的是什麼答案」。從你們的眼神，我看不到你們的「真我」！感覺上有那麼多、那麼多的不安與猜測，你們好像很怕答錯了會被笑、會被罵。我費了好大的勁兒，才讓你們相信「很多事情的答案不是只有一個」；我也花了好長的時間，才讓你們明瞭「意見沒有對錯，忠於自己的感覺，勇敢的表達出來就是最好的」。

您們真的好棒耶！才一個月吧！就已經把「對話精神」發揮得淋漓盡致！我想，您們真的懂我的心：「吾愛吾師，吾更愛真理。」（不過，好幾次您們率真的直言，的確讓我回家面壁省思好久哩！）

3 對話教學

記得嗎？這一年來，我們有過好幾場精采的對話。

開學不久，我就發現存在您們之間的個別差異大得讓我不能用統一標準來帶領你們學習，讓我更驚訝的是，你們九個人所展現的多元智慧，多麼需要一一為您們設計「個別化學習方案」才能為每一個人找到適當的舞台。

所以「公平」成為我們第一次對話主題，在我反覆的追問「這樣就真的是公平嗎？」也在我有層次的提問帶領下，您們很快談出一個共識：不是起跑點、終點一樣，就是「公平的比賽」。從此，您們欣然面對我給每一個人不同份量的功課，不同標準的要求，不曾再聽過您們有任何的計較！

本來嘛！每一個人的飯量不等，統一規定大家每餐都得吃兩碗，對量小或量大的人真是不公平，更何況天賦資質差異更大，怎麼可能每一個人、每一科目的進度、內容都一樣？

於是，我樂見您們在瞭解自己的「優勢智慧」後，拚命要展現自己最擅長的潛能。每回數學過關，總看得到您們和自己競賽的歡呼場面，「不管別人的表現如何，今天的我要比昨天的我更進步；不在分數的增加，而在求學態度的精進！」最特別的是那份「自信心」、「止於至善」的企圖心，推著每一個人「輸人不輸陣」。我們終於打破分數的藩籬，記得嗎？我們的考試

猶如「圍爐夜話」般的交心會談，乃因「席地而坐」的自在。

卷上不再有分數耶！只有能力指標啊！

接著，我們對《返家十萬里》這部電影也有一場深度對話。哇！不論是對「劇中角色的詮釋」、對「故事發生的背景探討」、或對「經濟發展與環境保護的兩難取捨」、對「主角艾咪勇於任事所帶給大家的啟示」您們都談得頭頭是道，不單單是對劇情的重述，還能連結到自己的生活經驗，我好佩服您們表達與內省的能力呢！

「注意力缺失症」是我們另一個愉快的對話焦點。

還記得嗎？你們之中有一個男生真是惹人厭，但我瞭解他有生理上的問題，可是要求才十一、二歲的你們接納他的各種狀況，我也知道多麼為難您們！

那一天，我因感冒，遲了半小時才到教室，聽說校長已先去關心您們的安全，並告訴大家「宋老師會晚一點來！」

我決定就用「感冒」起頭，帶大家進入「注意力缺失症」的話題。

●聽到宋老師感冒，您馬上想到什麼？

●您會不會嘲笑宋老師感冒？

●對感冒的宋老師，您可以做些什麼讓她舒服些？

真的太棒了！您們說：「有啥好笑的，每個人都會感冒呀！」「幫老師倒水，提醒老師多休息，告訴同學別去惹老師生氣，讓老師早日恢復元氣啊！」

我接著問：

● 得了什麼病會怕人家知道？
● 有什麼病是一輩子也好不了的？
● 如果得了這樣的病，身旁的人能做什麼？

您們畢竟還小！除了「痲瘋病」、「愛滋病」、「花柳病」等病名，您們談不出更深一層的人生體驗。

我在黑板上寫了六個字「注意力缺失症」，然後用四個層次的問題帶大家會談。

● 看到這幾個字，你想到什麼？
● 您有沒有這樣的困擾？
● 做哪些事情特別感到注意力缺失？
● 您會希望身邊的人如何協助您？
● 我們班上同學有沒有人需要類似的幫忙？
● 您願意協助這位同學嗎？

「會談」進行到最高潮時，我從醫學的觀點——腦的結構，為您們說明「注意力缺失症」的成因。很高興在日後的同儕關係裡，我看到您們對同學的「分心」，可以用比較理解的態度原諒那不是「他的錯」，但也會以「愛」為出發點，提醒同學停止干擾團體，甚至還會語氣溫和、態度堅定的要那位同學為他的「分心」付出某些程度的代價。我好欣賞您們的包容呦！

為了火車學習之旅，我們觀賞一部真實故事改編的影片——《巨浪》。

還記得嗎？看完後，我們把椅子搬到走廊轉角，在微風拂動中，談得好盡興呀！

「您還記得哪些角色？」

「您對哪一個人的哪一件事印象最深刻？」

「您記得哪一段對話？」

「哪一個情節讓您哈哈大笑？」

「哪一個情節讓您捏把冷汗？」

「哪一個畫面讓您感同身受？」

「比較火車學習之旅與航海自主學苑的相同和相異點？」

「火車學習之旅中，對自己有哪些擔心？有哪些期許？」

超過一小時的會談，如果不是因為午餐時間迫在眉睫，我們肯定會欲罷不能的一直聊下去！

很棒吧！就像是愛、惠鈞、阿妮當天日記所寫，「好喜歡這樣的上課方式，好輕鬆、好自在，卻能夠自然的找到自己在團體中的定位與使命。」

可不是！這一場電影會談，果真在五天四夜的火車學習之旅建立起大家的共同願景：你們彼此打氣、互相期許要像查克一樣扮演「膠水」的角色，讓團體凝聚在一起；也互相激勵要學船長遇事臨危不亂的冷靜；更要互相提醒，千萬不要有人像法蘭克因「三次犯滿」而提早結束火車學

把椅子搬到教室外寬敞的走廊，是九條好漢最愛的對話時間。

習之旅，被家長領回自行教育。

然後，我們心甘情願的簽下火車學習之旅「親、師、生共同契約書」，同心齊力面對隨時可能降臨的「無常」。

還記得您們在寫下團體公約的「十句好話」時，那份慎重的態度，教人好愛、好愛！

「對話」一直是我們師生談心的最佳管道！

最近一次深談話題是「拔草」。

為了土壤的永續利用，我請求學校不要使用除草劑，「斬草除根」變成我們師生的責任。

那天天氣真熱！我們蹲在跑道上，或拔、或挖，想要還給跑道一片紅土面貌，真的滿辛苦的！聽您們咿咿呀呀抱怨草怎麼長得這麼快，我知道又是一個對話的好時機。

「除草劑比較快，也比較省事，但後遺症不可預料」就這麼開啟大家對生活中「兩難抉擇」的心理掙扎：善合說，清晨四點鐘鬧鐘響起，理該起床趕作業，可是暖暖的被窩是大誘因，但作業沒做完到學校後果不敢想像；是愛說她常徘徊在體重和可樂的二選一中；阿妮說她明知道爸爸對她字體的要求是為她好，可是就是擺脫不掉那個「懶」字；惠鈞接在阿妮後面說她老改不掉駝背壞習慣，就是因為沒有下定決定，就好比「斬草不除根，春風吹又生」！

好棒喔！大家都說出了自己曾有過的兩難處境。

我竟避免不了說教的慾望，趁機告訴大家：這一年來，我們教學所面臨的質疑就像「要不要用除草劑」般兩難！多數的家長和行政人員比較在意立即可見的效果，對影響較深遠的「潛移默化」對話教學，因為不能馬上見到具體的成果，似乎總有一份不安；我在堅持我的理念，並踐行我相信的價值時，的確經常面臨「大太陽下，還得蹲在操場邊一叢一叢耐心拔草的苦處」。

我不知道，那段話您們聽懂多少！在教育部即將分階段完成九年一貫課程實施的這四年中，您們這一屆正好都跳過了，不過別遺憾！這一年的好幾個「主題網」教學，已讓您們提早嚐到九年一貫課程的甜點！「帶得走的能力」無法幫助大家在日後考試卷上拿到高分數，但肯定讓大家成為「解決生活問題的高手」，關鍵在您們願不願繼續掌握「有效」的學習方法。

4 帶得走的能力

這一年來的教學，我最在意的是要給您們什麼樣的能力？哪些是可以帶得走的能力，哪些是可以提昇您們未來生活品質的能力？

就好比：我要教大家釣魚的方法，而不是直接給您們魚吃；換句話說：我要教大家如何「覓食」，而不是一廂情願的「餵食」而已。所以，「帶得走的能力」對我來說，是解決問題的能力，是忍受挫折的能力，是珍愛大自然的能力，更是可以不斷自我學習的能力。

回顧攜手走過的這一年，「主題網課程設計」無疑是最能帶領大家挖掘「帶得走的能力」的一種教學模式。

城鄉交流

記得嗎？與臺北市博愛國小「城鄉交流」是我們的第一個主題網。那是去年暑假，博愛國小的柯主任一腳跨進咱們柯林國小受到「第一印象」的刺激——「哇！好漂亮的校園喔！我們和您們城鄉交流，好不好？」

一個突如其來的 idea，引發一連串的活潑教學內容！

我不喜歡把交流定位在走馬看花的參觀旅遊，我喜歡創造兩校的學生真正融入彼此的生命回憶中。所以透過電話與網路的腦力激盪，兩校承辦人架構起可以讓您們擁有「帶得走的能力」的主題網。

首先是國語課本的那一課「一束鮮花」，幫大家重新檢視家中迎接小客人的環境布置；我還記得朝賢到溪流邊砍了一大把的野薑花、惠鈞在自家後院拔了一叢非洲鳳仙花、薇萍請媽媽從院子裡剪了幾枝玫瑰花放客廳，她還因此寫了一整個禮拜的「玫瑰花禮讚」日記內容。

後續因著「城鄉交流」，我們的課程做了大幅度的統整，舉凡 e-mail 邀請函的寄發、歡迎小客人的海報設計、導引小客人認識校園環境的尋寶圖指示及當小主人的禮貌、應對或買火車票、火車廂座位的號碼規則等，都是大家迫切想學的能力。

還記得您們第一次面對攝影機鏡頭的糗態嗎？

12月，輪到我們上臺北拜訪博愛國小，小主人小客人一組一組上博愛國小特有的校園視訊網站，您們這群鄉下孩子進城，面對鏡頭有的兩眼發呆，有的手足無措，有的猛吐舌頭，還好正式錄影時，倒也都算從容不迫的談出你們對城鄉差異的觀感，對你們是很奇特的經驗吧！

從這麼多相關的主題活動，您們學到了表達溝通的技巧，知道了「問題是創造的母親」，也建立了難得的團隊共識。最特別的就是兩校學生一對一的接待方式，除部分時間屬於教學的共同活動，食宿完全由雙方家庭負責安排接待。（我發現家長比您們還興奮哩！）

這樣的主題網設計，讓校長見識到您們快樂的學習、也見識到家長歡喜的參與，更讓校長對往後我的各個主題網規劃比較支持呢！

生命教育

第二個主題網是「生命教育」。

從國語第十五課「劉俠的生之歌」閱讀心得內容，我們也讀了楊恩典的「擁抱每一分鐘」，然後延伸出好多「關懷生命、尊重差異」的學習活動。

首先是在去年的聖誕節，我們相約把買聖誕禮物、辦聖誕活動的費用，捐獻給聖嘉民啟智中心，並且陪聖嘉民的大小朋友一起學習一小時；接著我們訪問了幾位身心障礙同胞。

還記得嗎？因後天病變而雙眼失明的朱大俠、林大俠雖然行動不便，仍熱心搬來他們的生活必需品：點字機、導盲杖、盲人專用手錶，讓您們大開眼界吧！失明以前，是一流護士的林大俠還設計了好精采的問答，最特別的一道題目是：「說說看，哪些工作是視障朋友無法勝任的？」

林大俠藉著你們的答案，一一澄清你們對視障者能力的誤解，幫助大家進入視障者的真實生活情境，也指引各位應該珍惜自己難得的「正常」。您們也好貼心的回報您們心得的錄音帶給兩位大俠。

花敬凱叔叔是腦性痲痺患者，遠赴美國攻讀博士學位，因聖誕假期得空返臺，正好趕上我們這個「生命教育」主題網。最有趣的一段問答是：有人問他「花叔叔，您為什麼姓花？」「因為他爸爸姓花」，還記得是誰問這麼爆笑的問題，又是誰一副理所當然的回答這個問題的嗎？最後大家爭先恐後請花叔叔簽名，看花叔叔歪著頭、吸著口水、吃力的握筆「刻」名字，好多人在當天的日記省悟到：「我能輕易的舉手投足，該感謝多少的恩典呀！」訪問完，你們學新聞記者立刻寫了一篇現場採訪稿贈給花叔叔，呦！你們的記憶力真不賴哩！

除了訪問殘障朋友，我們也訪問照顧殘障者最辛苦的媽媽！

二年級有一位先天畸型的小學弟，還記得嗎？您們很愛和他聊天，也經常鼓勵他的好表現。真的！以他的學習能力要在普通班適應得好，除了級任老師的愛心包容，家長是最重要的支持體系。我們有目共睹林媽媽如何陪林小弟弟跨過層層的學習困難。有一天，是愛很感性的說她好佩服林媽媽的勇敢，所以我們決定邀請林媽媽到教室和我們聊聊「身為殘障者母親的辛酸」。

是愛問了一個讓我當場掉眼淚的問題「林媽媽，您第一眼見到林小弟弟的樣子，心裡是什麼感受？」

啊！是愛一定不是故意要傷林媽媽的心，對不對？其實，更讓大家佩服的是，林媽媽早已走出自怨自艾的陰霾，還記得林媽媽說得多坦然嗎？她還語重心長的叮囑大家一定要好好孝順父母唷！

為了落實對殘障朋友的愛與關懷，我覺得短短一小時的訪談，只能在您們心海激起些漣漪，了不起只是在您們身上播下「尊重不同生命景況」的種子，如果期望在您們未來的生命旅程能見得到發芽與結果，非得實際參與殘障朋友的生活學習不可。

正好配合下學期「愛的真諦」等單元，三月份每個星期二我們分兩組，開拔到聖嘉民啟智中心和蘭陽智能發展中心，真正投身「日常照顧」與「生活輔導」的實戰工作。

出發前，我宣布我們要學的是「主動」的付出，您們主動問問題、主動找事情做、主動……好幾個主動，看得我好感動！雖然有人批評我們這樣的「愛心服務」是在作秀、是做表面功夫，但每次服務完回學校的對話內容，及當天的日記和學習筆記，我肯定這是非常值得推廣的關懷生命的教育活動。

最讓我欣慰的是：九條好漢中，有一個從小就被父親遺棄的男生，一直對父親懷恨在心，任憑寄養爸媽怎麼勸說，眼神總是充滿恨意。也難怪！因為流離失所造成他現在凡事不安，如何原諒得了未曾謀面的那一個「父親」！可是最後一次愛心服務後，他清楚的寫下「我再也不要恨我的爸爸了，因為和蘭陽智能發展中心的那些大朋友比起來，我幸運多了，我的頭腦可以正常想事情，我的手腳也可以正常的想做什麼就做什麼，我不可以再去恨我的爸爸了。」

我不知道在往後的人生，他是不是真的不介意父親的失職，但他已懂得珍惜自己當下的「擁有」，就夠寶貴了！

看聖嘉民啟智中心游巧琳老師、蘭陽智能發展中心張茂榕主任給您們的畢業祝福，您們可得記住這樣的福報，抓住機會，付諸行動，協助每一位需要協助的同胞哦！要學那兩個機構的叔叔、阿姨、老師們的精神，把愛傳下去！

感恩的畢業典禮

還記得你們各自尋找畢業典禮頒獎人的過程嗎？

「創造以學生為主的畢業典禮」應該是你們畢業前最後一個主題網學習活動。你們先抽籤決定點選的順序、再協商冬山鄉校長、鄉公所長官的邀請分配工作；討論到縣政府長官時，你們一個個避開劉縣長，深怕耽誤了這麼重要的工程，最後還是由是愛這位向來不怕問題的傻大姊承擔了下來。

當天的回家功課就是一一打電話和受邀來賓約定我們親自送邀請卡的時間。還記得鬧了多少笑話嗎？

校長接到陳督學的電話有些錯愕、也擔心著我載你們去送卡片，會不會遭到別人不以為然的質疑？

我請校長寬心，因為這些問題的發生，正好給了我們對話最佳的素材，也是主題網教學設計中最寶貴的實際經驗。

事實證明：你們從中學到了可遇不可求的「帶得走的能力」。瞧你們多慎重的演練邀請的台詞、多用心設計別出心裁的環保卡片、多在意認領的那一個邀請人願不願意親臨咱們典禮現場！

事實也證明：宜蘭的教育生態是允許我們勇敢的跨出去。瞧冬山鄉各國中小的校長多熱情的接待你們、教育局文主督、朱課長多耐心的聽你們的強力邀請、縣議員和村長多肯定你們親自送卡片的誠意！（不過，如果多幾個學校這麼做，他們大概都別想辦公了！）

我呢？只是被動的聽取你們每個過程的心情體會、看著你們緊張又期待的完成畢業前的瑣瑣碎碎雜事。

累了嗎？看一看畢業光碟裡「尋找頒獎人」那幾篇日記，你會覺得這些辛苦是值得的！

5 九個學生九個樣

攜手走過的這一年，我最得意的就是「九個學生九個樣」！你們的一言一行，一字一文，對我來說都是最珍貴的寶貝，我確信那是世上獨一無二的，我不在意你們的作品能登大雅之堂否？我在意的是你們的字裡行間記滿你們努力的足跡！

很不可思議！才九個學生的畢業班，能完成內容這麼豐富多樣的畢業班刊。回頭再望一眼我們攜手走過的點點滴滴：

還記得嗎？

好幾個放學後，我們留在電腦教室埋頭苦幹，用PowerPoint編製「個人檔案」簡報；拚命猛敲鍵盤，把一篇篇你們的創意，你們的心意，你們的回憶化成一個個Word檔案。看那一篇「宜蘭頌」，我們仿課文第十八課的臺灣頌，集思廣益討論出令宜蘭人驕傲，值得宜蘭人歌頌的人文景色，再加上適當的插圖以及個人喜愛的排版方式，成了九篇不一樣的「宜蘭頌」；看那一份統計表的作業，光是標題就夠ㄅㄧㄤˋ！為了培養各位主動探索的學習態度，從數學課本的一個圖表，引伸出好多的主題研究，雖然研究結果稱不上是大發現，但我可發現了你們的好多能力呦！自動找自己有興趣的題目，按部就班的列出研究方法，最後還能說明自己的發現。

幾次活潑評量的試題，除了測驗你們的聽、說、讀、寫基本能力外，我更在意你們是否能活用出所學的生字和語詞，還記得嗎？我們曾經在電腦教室透過投影片，九個人十八隻眼睛一起討論，一起修飾同學的語詞串連。七嘴八舌中，「旁觀者清」讓你們很容易就找到別人的缺點，包括錯別字、語意不清、用詞不當等，而且給別人建議還是你們最拿手的呢！

為了「九個學生九個樣」的效果，我決定不做大幅度的潤飾，就讓你們「原聲重現」吧！好好欣賞那幾份多元評量的「電腦網上答題」，幾篇「自問自答」的筆記內容、「給好友的話」、「臥虎藏龍」的讚美詞、「尋找畢業典禮頒獎人」的甘苦談，尤其火車學習之旅那五天的學習筆記，個人有個人的筆記模式，也都加上手繪的個性插圖。「百花齊放」正是我愛看你們這些作業的最佳動力。

啊！作業也罷，班刊也罷，其實我更愛看的是你們齊心協力完成一項任務的那個過程。看是愛給鈺群的那一段話，看惠鈞、佳琳、薇萍共勉的話語，看惠妮對吟吟的崇拜，看朝賢、善合哥兒們的情誼，看火車學習之旅最辛苦和最有貢獻的那幾篇，九條好漢早已凝成了生命共同體！

還記得嗎？五月中，我曾為了固定的那兩三個人，老是不能「今日事今日畢」的在期限內完成規定的工作，沮喪得在教室泣訴，好無力呀！哭完，只能語重心長的希望你們能認清「贏在起跑點，還不如平實的走完全程」。

還記得嗎？六月初，我第一次拿木條體罰你們！

都已經要畢業了，我的品管仍不理想，想到就要這樣把你們交給國中老師，我真丟臉！「恨鐵不成鋼」的挫折，讓我出手揍了三個人的臀部。當晚臨睡前，我看到一本書《改變》（*What You Can Change and What You Can't*，中譯本遠流出版）裡引述的一段話：

> 親愛的上帝
> 請賜給我雅量平靜的接受不可改變的事
> 賜給我們勇氣去改變應該改變的事
> 並賜給我智慧去分辨
> 什麼是可以改變的，什麼是不可以改變的
>
> ——寧靜禱文（The Serenity Prayer），尼布爾（Reinhold Niebuhr）

看完，我跌坐床頭，「親愛的九條好漢：請原諒老師的智慧還不夠！用心打造『九個學生九個樣』的潛意識裡，我其實還丟不開面子的顧慮，我還是很在意別人的評價。如果這一年來，為了急於改變你們的哪些本性而有不當的身教，請原諒我，好嗎？」

6 我真的好捨不得

還記得嗎？

那日載著你們九條好漢到冬山鄉每一所國中、小學去送畢業典禮邀請卡，我對你們大方的完美演出，表示了我的歡喜，善合順口問了一句：「老師，我們就要畢業了，您不會捨不得嗎？」

唉！怎麼不會呢？

想，去年九月的某一天，善合為了給我一個快樂的教師節，特別叮囑大家無論過去怎麼樣，今天千萬得寫完功課，明天才能祝老師教師節快樂。多體貼呀！

想，朝賢隨時書不離手，卻總是錯字連篇！「五月的風」好似把他給吹醒了，不論心情日記或學習筆記突飛猛進，直逼「七步成詩」喲！多有成就呀！

想，惠鈞原本在對話時間，總是一言不發、表情緊張得教我憂心，現在已能言之有物、侃侃而談。多開心呀！

想，吟吟下定決心洗刷「河東獅吼」封號，真的被全班推舉為「好人好事」代表，隨時隨地見得到受同學歡迎的場面。多難得呀！

想，阿妮從一個膽怯、稍顯自卑的班級角落人，一變而為團體討論中經常一鳴驚人、頗有信心的未來「女主播」。多興奮呀！

想，佳琳永遠一馬當先為別人著想，陪同學度過好幾個情緒低潮。多不可思議呀！

想，鈺群已不再為自己的錯誤硬拗，而且還能時時心存感恩，感恩寄養爸媽的德、感恩同學的情、感恩師長的愛。多不容易呀！

想，是愛的榮譽心、責任感，每回聽她家長轉述她是如何的要強，我總有幾分不忍！但才勸說完的那一個轉頭，她又開始想要展現她最好的潛能。真叫我又愛又憐！

想，薇萍剛轉來時，「十個棍子打不出一個屁來」的小媳婦樣兒，而今常口說好話、甜得我愛死了，尤其火車學習之旅負責每天三通電話向校長報平安，做得多輕鬆、多自然呀！

想，你們九條好漢熱烈的討論著謝師宴要如何當個超水準的服務生，才能提供師長最貼切的服務。多有概念呀！

想，謝師宴現場你們穿著公共電視台送的T恤，一字排開機靈的又送飲料、又遞面紙，建龍老師笑稱比六星級飯店的服務還棒！

想，你們餐後迅速、熟練的分工又合作，很快就收拾好謝師宴會場。多有效率呀！

想，……

你們說，我怎麼捨得你們就將要畢業了呢？

雖心酸酸、雖捨不得，也只有自我安慰「離別是再見的開始」！

我還記得曾經和九條好漢相約畢業十年後，要到拉拉山上是愛他們經營的渡假小木屋開同學會；我還記得「意識會談法」的對話教學所曾經帶給我的豐富教學回憶；而且，我總是記得：要啟動你們思考的引擎，「提問」比「給答案」重要得多！

第七章

十八羅漢的創新教學

因為「移民宜蘭」前，我參與了教育部「小班精神教學」宣導手冊的編輯，對帶領「人數少」的班級經營對話，頗有信心！不過，當年我在臺北市文山區力行國小任教一年級的班級人數是39名，對教育部邀請我加入「小班教學」方案研討，我是疑惑的！方案承辦校長回應我：你的班級人數雖然多，但我看到你是以「小班的教學精神」在帶領大班級。

那倒是！

帶著多年在美勞課的「意識會談」對話教學經驗，在換跑道變成一年級新生的重要啟蒙老師時，我基於和學生建立信賴的對話關係，而設計的系列探索課程，讓教育部對我的「主題網」課程感興趣，而邀我一起貢獻教學相長的「小班精神」教學心得。這樣的機緣，在我從臺北市的都會學校調往宜蘭縣的偏鄉迷你小學時，可以駕輕就熟的展開名副其實的「小班教學」。

在送走柯林國小的「九條好漢」畢業班孩子之後，我被賦予重任：承擔起「九年一貫新課程」的第一棒，也就是擔任一年級新生的級任老師！那年，我讓許多教育先進肯定的是：從高年級的「說理」，到低年級的「談情」，我的班級經營依然充滿著「對話精神」。我自己也適應得極好！

那一批九年一貫的「起跑生」，在開學前的報到人數，正巧是九的倍數：十八！對我的教學生涯，就是送走「九條」好漢，立即迎接「十八」羅漢的巧合！於是，「十八羅漢」成為李錦昌校長口中的好玩數字，也贏得李校長對我開創林林總總創新教學的支持。「帶好每一個孩子」的九年一貫課程精神口號，也成為我為十八羅漢規劃創新教學的動力來源！

1 帶好每一個孩子

「哇！狀況百出！」是帶領十八羅漢開學第一週我的綜合心情。星期三開始在學校吃完午餐才放學，幾個耐性較差的孩子陸續出現脫序現象。有逛校園私自離隊，不知去向；有揮拳暴力對待同學；有不接受老師的責問憤而掉頭衝出教室；有受不了同伴的指正，低聲暗泣；有踢球不過癮獨自躲在教室嚎啕大哭；有……哇！真是狀況百出。

最棘手的，要算星期四那天中午要求小朱最少吃一口青菜才能放學回家。我足足和他耗了一個半鐘頭，只為了那一口青菜！過程中，我曾經使力想抓他站起來，反而引起他更強烈的敵意，死命的反抗我的教師權威。

老天呀！那下午我有好多事要忙耶：有媒體記者來訪談、有書商來清點簿本、還有一大堆作業和資料等著我處理，在時間的強大壓力下，看小朱倔強不妥協的表情，說實在的，我有股想揍人的衝動，但瞥見他帶著恨意的眼神瞪我，我突然意識到「是大人世界對不住他呀！」一個轉念，留給他也留給自己一點空間吧！「如果你不吃，老師就請大哥哥收走嘍！」他正眼瞧都不瞧我一眼。唉！教書這麼久，第一次被學生的「拗」打敗。

還好，約莫十來分鐘他就起立走到餐廳後門探頭看看我，我趕緊走進去問他想不想回家，他終於開口了！「你剛剛對老師很不禮貌，我很難過！」（這是最基本的「大欺小」教訓模式，其實我自己說得滿心虛的。）

小朱低下頭來，臉部表情柔多了！我順勢把他抱過來，問他剛剛有沒有被老師抓痛了？他笑著搖頭，反而指著前一晚在家被蚊子咬腫的手腕，好似向我撒嬌，我心疼的把他摟得更緊，沒有爸媽在身邊的孩子更需要老師多一分關懷啊！

「以學生為中心」的教學模式，丟開專家學者編的教科書，放空行政主管監督的教學進度，才能容許我悠哉一點，輕鬆一點的看待孩子的脫序行為，才能讓孩子真的享受「上學真好玩」的學習樂趣。

感謝校長的體貼用心，特別在孩子入學的第一週，每天上午十點半供應水果一份當孩子的點心，為孩子減輕幼小銜接的最大適應困難；謝謝方主任考慮周到，請求菜商五天提供五種不同的水果，分別是蘋果、芭樂、香蕉、龍眼和木瓜，除了照顧到營養的均衡，也為我的健康教學提供最佳的生活教材；謝謝易昌媽媽、文杰媽媽、玟慧伯母幫忙料理水果，孩子才能吃得安心、吃得快樂。有家長扮演恰如其分的幕後功臣，我的九貫創新教學，才得以駕輕就熟！

吃龍眼那天，我照樣在發水果前先進行「安全食用」及「垃圾處理」的對話教學，有孩子提議：龍眼子可以玩遊戲哦！於是我們在榕樹下吃完龍眼後，就拿龍眼子玩了幾項遊戲，如：打彈珠、排長度、比大小，家華還給了我扁扁的龍眼子，我讓每一個孩子都摸一摸、也說一說感覺，最後每一個人選一個最健康的龍眼子種在教材園，說好要埋深一點，才不會被大雨沖走，明年才能來收成哩！

沒有老師頒布的統一遊戲規則，孩子自然發展出彼此認同的遊戲方式和內容約定，「我們來比誰彈得遠」、「我和你拚拚看」、「我也要玩」，玩著玩著，只要有人覺得有必要，規則隨時可以修正，雖然偶爾意見不合起了點小爭執，老師協助他們說清楚也就沒事了。「衝突」不正是孩子學習表達與溝通最實在的生活教材嗎？大人往往因著面子或和諧的表象，人前不說，人後卻批評一堆，這點大人反倒不如孩子們的「真」，不是嗎？

班親會上展示給家長看的學生繪畫作品：「第一天上學」和「宋老師」，在大夥一陣笑聲中，我承諾：讓我來努力喚醒孩子作畫的純真和信心。一定是家長在開完第一週的班親會後，回去用心指導孩子的效果，接著的「吃午餐」、「我踢足球」兩張作品精采極了！我鼓勵家長來學校接送孩子上下學可別太匆忙，進來教室欣賞欣賞好幾幅令人莞爾的可愛童畫！

誰說孩子不會畫人？感謝孩子最崇拜的巨人主任王主任在百忙中抽空示範足球的各種踢法，在王主任逗趣的耍寶動作中，激發出孩子最高的踢球興趣，連佩吟、孟涵這幾個不愛戶外活動的小女生，這兩天來也不停問我什麼時候可以再找巨人主任來踢足球？

透過「踢」這個動作，孩子真切的感受到用力的部位在兩腿，也察覺到「球」的存在，幾個感受力強的孩子還發展出「群體踢球」的畫面。所以，誰說孩子不會畫人？我不信！特別感動的是：文杰爸爸、志彥媽媽還會為孩子的簡單畫面，提供文字補述，那將會是孩子長大後最珍貴的典藏呀！

我由衷的感謝十八羅漢的家長們踴躍出席第二次班親會！看大家專注聆聽我的課程設計說明，讀大家對「一百分，我也想啊！」閱讀心得，我覺得我好幸運！能擁有一群關心孩子教育的家長，是所有教師最期盼的；尤其你們之中，又有一批相信「幼吾幼以及人之幼」的熱心家長，願意為班親會的運作額外付出心力，我真要感謝上天對我的厚愛，更要謝謝岱儒爸爸承擔起召集人的重任、謝謝文杰爸媽、志凡媽媽、邱瑄阿姨答應搭起活動組、總務組與教學組親師溝通的橋樑。其實，他們各自事業的繁忙程度都不是一般上班族可以想見的，所以，我藉「教室傳真」專欄呼籲家長們：以後有任何班親會活動，無論如何都得來捧個人場，當然希望更多家長加入班親會的實際運作，讓孩子從親見家長的奉獻中領受「身教」的魔力。

我準備從第二週開始指導孩子自己抄寫聯絡簿，但，這個動作並不代表每一個孩子都應該要會拼寫注音符號，學前沒有學注音符號或還不熟練的孩子，我請家長千萬別責罵他們，本來一年級前十週就是在學注音符號的拼讀，提早讓孩子抄寫，只是想透過「抄」，幫孩子建立起腦部細胞對那種符號的連結，抄錯是可以接受的，而且九月份我會一個一個幫孩子訂正，也會天天附上一張家長參考聯絡單，如果真有家長不放心，我就鼓勵他們可以打個電話問問幾個「聽理解能力」比較好的孩子也無妨。總之，學習是一輩子的事，我請家長千萬別太緊張了，猶如暑假中召開的第一次班親會，我問過的一個問題：「哪一個大人看不懂時鐘？」所以一再的勸家長放輕鬆一點，重要的不是贏在起跑點啊！家長要努力的是如何透過「對話」，營造孩子喜歡學習的情境，就像「踢足球」那一個創新發想所引起的「樂於學習」反應。

當然也陸陸續續接到家長對「九年一貫新課程」的質疑，而透過各種管道向我提到他們對孩子學習問題的擔心，擔心孩子跟不上、擔心孩子太皮、擔心孩子不被老師接受、甚至擔心因為家長的背景關係，孩子被老師貼標籤……

家長的擔心我都可以理解，因為我也身為人母，特別在生了一個那麼有創意、又那麼有主見的女兒後，所有家長的擔心我應該都曾有過，我想那是上天要我學著去諒解「每一個媽媽都有她的不得已」的用意，我耐心的傾聽家長的憂慮，告訴自己不要被「家長的過度擔心」阻礙了親師溝通的管道，我請求家長：多讀書、尊重專業、並且直接溝通。

我一直很喜歡可以對小傑家長直言孩子學習狀況的那種感覺！去年帶畢業的九條好漢之一，是他們用心帶了好幾年的寄養孩子，雖然那孩子狀況不斷，但我們親師間互相打氣、彼此鼓勵，學校家庭密切聯繫，孩子終於順利升上國中。小傑是他們另一個愛心付出的寄養孩子，看著這一年來小傑的進步，我們的社會真該向所有寄養家庭獻上我們最高的敬意和謝意，如果不是他們願意多付出一份愛心，光是照顧好我們自己的孩子，未來的生活安全還是不見得有保障！

我就是秉持這樣的態度要「帶好每一個孩子」！但是一旦遇到防衛心重的家長，我反而不知如何開口向他反應孩子的學習狀況，也因而延誤了改善孩子偏差行為的第一時間。我盼望家長都能學習小傑家長的角色扮演心態：面對別人（尤其老師）談到自己孩子的缺點時，放輕鬆一點，丟開面子問題，告訴自己「孩子雖然是我生的，但他的行為表現不必然是我的遺傳造成的」。也許這樣的轉念可以幫助親師比較自在的看待孩子的落後、偏差、甚至脫序的行為，也不必扛那麼重的責任在肩上，和孩子透過輕鬆的對話反而能得到「柳暗花明又一村」的解決之道呢！

2 感謝漸入佳境的十八羅漢

岳倫總是第一個趕去安慰傷心難過的同學，一句「你怎麼了？」或一個拍拍肩膀的動作，很容易就讓人感受到他關懷同學的善良用心，尤其每節下課離開教室前，他除了打理自己的座位外，都不忘幫若瑄拉好書包的拉鍊，看在我眼中，好感動！

若瑄幾乎都是最後一個離開餐廳，後來她自己想到一個好辦法「我請大姊姊打菜時，給少一點」，不過她自願擔任「圖書小秘書」的工作，做得一點也不含糊！

雖然只是照著黑板，依樣畫葫蘆的抄幾個簡單的數字和注音符號，但要在十分鐘之內完成一天的聯絡簿內容，對志彥來說還是有些困難！可是他不曾放棄或耍賴，頭幾天由鄰座的易昌代勞幫他抄，星期五有一個令人振奮的鏡頭出現在我眼前。謝謝小傑家長的用心配合指導，小傑的情緒穩定許多，對挫折的忍受力提高許多，作業抄得慢一些或抄錯了，不再發脾氣，也不會亂畫別人的簿子。

星期五這一天，小傑瞧見志彥的困難，我問他要不要當個小老師去協助志彥？他歡喜的走過去幫志彥的忙，不一會兒，小傑大概覺得彎著腰、趴在志彥桌前一字一回頭的看黑板好累，乾脆把聯絡簿拿回自己座位慢慢對著黑板抄，抄著抄著，小傑又發現抬頭看著黑板抄太慢了，所以翻開自己的聯絡簿看著抄，抄了好久好久，終於抄好了，但已錯過吃水果和下課的時間，可是小傑一臉「自豪」樣兒，一句抱怨都沒有，完全不在意自己休息的權益損失了，志彥也陪在一旁等著小傑幫他抄完才安心離開座位。看到小傑對同學的付出、看到志彥對自己作業的責任，看到孩子相互扶持的畫面，真叫人欣慰！

佩吟最Nice了！」發現小傑有好的表現，毫不吝嗇、立刻脫口而出「小傑，你好棒ㄛ！」說也奇怪！天不怕、地不理的小傑卻是最在意佩吟的稱讚，好幾次都是佩吟一句「小傑，趕快回去坐好」，我才能好好講課。

智隆有「大哥」的架式，很會主持正義，但也懂得自我修正和改進；怡捷不再告別人的狀，還會「勸告」同學：「宋老師不喜歡我們告狀」；家華、家豪被我封了一個「游大方」的名號，面紙、鉛筆主動大方送，帶給班級一團和氣；最令我開心的，小朱、孟涵、學苓願意吃點青菜和水果了。

感謝一切漸入佳境！

我要以「彈性」兩個字來回應幾位家長對「以孩子需求為中心」所提出的疑慮。有家長擔心「以孩子需求為中心」，孩子懂他的需求是什麼嗎？會不會失落掉「聽、說、讀、寫、算」基本能力的培養？甚至有家長提醒我，是以孩子的需求為中心，還是以老師的需求為中心？

「先處理心情，再處理事情」是我「以孩子需求為中心」的最高指導原則，所以，我強調彈性一點的課程、彈性一點的進度、彈性一點的上下課時間，讓孩子成為學習活動的主角，讓孩子學得快樂一點，學得自在一點。

我習慣在下班前就把隔天教學活動的架構擬定出來，尤其這一週還得天天寫一份參考的作業指導聯絡單給家長，但是常常會面臨突發狀況，我就得適時修改調整一番，所以老師選擇「以孩子的需求為中心」的壓力可以想見。好比有人受傷了，得先講解安全遊戲規則；有人爭吵甚至打架了，得暫時丟開預定進度，改來一段對話教學，透過問題引導孩子談談不以暴力解決問題，是否還有其他辦法，甚至還要重回現場角色扮演一番；如果再有相關的社會事件（如美國遭恐怖分子襲擊）、或遇到學校例行性行事要配合（如身高體重、視力檢查等），就更需要「彈性」一點了，不是嗎？

二年級的楊老師以她多年的教學經驗，很快就瞧出我們班有幾個孩子不容易管教，很好奇的問我「你好像還沒開始凶你們一年級哦！」

是啊！已經進入第二週了！但，到目前為止，我的確還沒凶過這一批一年級新生，不過面對孩子的脫序行為，我其實忍耐得很痛苦，好幾次就要破口大罵了。但想到他們不過才從幼稚園升上來，想到他們也還不知道怎麼控制自己的力道，想到有些孩子的言行根本就是大人教養模式的翻版，我終究吞下即將爆發的情緒。雖然有幾次孩子的行徑粗暴了些，但把他叫到跟前，陪他說出事情的嚴重性後，看到他後悔的神情甚至痛哭的眼淚，「凶不凶」已經沒啥意義了，不是嗎？雖然自己清楚知道並不是從此他就懂得遵守團體生活的規約！

但是，如果我在意「教學進度」更甚於孩子的「情緒發展」，如果我在意「既定架構」更甚於孩子當下的「興趣反應」，或者我把大人的需求強加在孩子的學習慾望上，甚至以「安靜」、「閉嘴」來忽視孩子的各種需求，我想孩子不會愛上學，家長也不會喜歡孩子生活在那樣的學習環境。

所以「以孩子需求為中心」，就要接受孩子的感覺，多聽聽孩子的感受，不只用耳朵聽，更要用心聽啊！最重要的，大人要拋棄傳統講究「分數、文憑」的功利心態，當然更不要期待看到立即的學習成果，而是尊重每一個孩子有他自己的成長速度。

「天天吃水果，醫生遠離我。」這個健康教學方案，我要謝謝家長的體諒與支持！每天抄完聯絡簿就可以吃水果，吃完水果才可以下課出去玩，所以我提醒家長不要幫孩子帶太多量的水果，當然最好讓孩子參與準備水果的工作，接下來還要將英文單字帶入每天的吃水果活動中，我恭喜家長也可以和孩子同步學英語！「我是一年級，所以原諒你」是另一個情意教學的重點。

開學以來，我隨時教導十八羅漢認識一年級學生應該有的禮節規範，也教導孩子，如果不想被人家當成幼稚園的小娃娃，就要學著修正自己的行為和態度。接下來我引導孩子心甘情願的原諒同學無心的舉動，甚至提升到讓孩子瞭解：某些行為是因為那個同學的成熟度還沒發展出來所造成的，因為「我是一年級」，所以我要心平氣和的接受同學的不成熟，好好的勸解他，才能幫助他趕快長大，如果「以牙還牙」或「以暴制暴」，只會加深彼此的仇恨。

這樣的教學對話，非常需要家長的協助！我透過班親會請求家長：每天問問孩子，今天有哪一位同學受了誰的幫忙而有了什麼改變？也請孩子說一說，自己有沒有做什麼對同學有幫助的事情？或看到誰原諒了誰？並且進一步和孩子一起猜一猜：那個原諒同學的人會有什麼樣的心情？

我當然知道這不是一項容易的課題，尤其對小學一年級的孩子來說，似乎更加困難！但想到如果讓孩子從小就在「互相欣賞」、「互相肯定」，並且「互相鼓勵」中長大，暴戾之氣必然降低，我們的社會也會多一些善的種子，為什麼不即知即行呢？

我盼望大家一起來為孩子營造一個「感恩、惜福」的學習環境，而不要只是在孩子的學業分數上做比較，也不要跟我計較我對待不同孩子的多元標準，我在意的是：每一個孩子的每天，是不是都有他各自不同的進步內容。就像埋「龍眼子」的時候，志彥輕而易舉就埋好了好幾顆，其他幾位注音符號「嚇嚇叫」的文人書生小姐們，卻還愣在一旁不知所措；就像……

如果以多元智能的角度看待孩子，真的可以還給孩子「天生我才必有用」的一片天空。孩子能不能成才（材），就看你我願不願意給孩子機會！

謝謝十八羅漢家長對我的教學理念的支持，李校長在看完家長們寫的「閱讀心得」及「對自編教材的看法」兩份家長作業後，頻頻向我恭喜，因為我擁有一群跟得上教育改革時代腳步的學生家長，納莉颱風來襲的此刻，我要說：一年忠班的十八位小朋友好福氣，能生在一個「關心孩子教育」的家庭裡。

「以孩子需求為中心」的教材設計，就是要以「與生活有關的內容」為主題，剛剛獲知明天（星期一）因颱風來襲而停課，我立刻設計了「颱風」的相關教學活動，包含：認識「颱風」、「淹水」、「下大雨」、「土石流」的注音符號，也要藉由「對話教學」引導孩子談談「如何和大自然和諧共存」。我再藉第一次班親會上，我強調的四種能力：「忍受挫折的能力」、「解決問題的能力」、「珍愛大自然的能力」、「不斷自我學習的能力」，邀家長一起陪孩子談「納莉颱風」，就可以談出好多好多能力培養的方法，至於能不能落實在日常生活的實踐中，真要靠家長們的同步踐行了。

停筆的這一刻，心中滿是對「天災無常」的遺憾，也對自己作為一位小學教師有「任重道遠」的期許。

3 甜蜜的負擔

好快！又過了一週，每個星期一抄聯絡簿前，我都會先恭喜孩子：「恭喜你們又長大一星期了！」

真的，尤其在最近接二連三的天災人禍所引來的無常中，誰敢說，「平安」不就是最大的喜樂呢？對我而言，也是另一篇教學手記的開始。

儘管每星期得花上兩、三個小時坐在電腦前，慢慢敲打一週來的教學記實，對已老花眼的我來說，確實是件吃力的苦差事兒，但是每完成一篇教學手記，彷彿又把孩子一週來的成長重新回憶一遍，其實是一種「甜蜜的負擔」！想到此，自然興起一份「感激上天賜給我這份反面的恩典」，希望在「好東西與好朋友分享」的動機下，印給每一位家長的「一封信」，家長們都喜歡看。我很擔心除了「甜蜜的負擔」外，還造成各家多餘的垃圾，可就太對不起地球了！所以我請家長在看完這週的教學手記後，在孩子聯絡簿第七週星期三（國慶日，放假）那一格，告訴我大家對每週「一封信」的想法，希望繼續收到「一封信」嗎？沒有回應的家長，表示沒有意願繼續收到或從來都不看「一封信」，基於節約資源的立場，以後就不再印發給這些家庭，如有需要瞭解的教學議題，就請他們向親朋鄰居打聽囉！（這好像也算對「創新教學」另類的「民調」吧！）

10月2日是我們的第一個「全天課」，本來規劃午餐後讓孩子午休片刻再繼續下午的學習活動，可是刷完牙看到二年級孩子隨著楊老師漫步操場的畫面美極了，臨時起而效之，問孩子要不要去散散步？

於是全班手拉手，走啊走，輕鬆慢步中，有人發現紅土跑道上有一大片綠色的東西，紛紛討論了起來，有人說，那是淹水過後的髒東西，有人說，那是一種綠色植物，然後更多人問，「有沒有毒？」

忘了是誰說的，他說：「如果噴到農藥，你去摸到就會死！」

「啊！這麼恐怖喔！」

我想「拔草」的最好時機就在當下。

「如果跑道上有草，好不好？」我提這個問題是想瞭解孩子對「草」所生長地方的看法。

「不好，跑步跑不快。」

「也許還會滑倒。」比較有危機意識的孩子補充這一句。

我追問：「那怎麼辦？」

「拔呀！」

「怎麼拔？」我只負責提問！

「連根一起拔起來。」

好！動手吧！

雙胞胎兄弟一下就拔了一撮，而且連紅土都拉了一堆上來，跑道立刻凹了一個洞。

「不行啦，你要把土甩一甩才可以。」一個機靈的女生提醒了大家。

拔呀拔，一邊閒聊一邊除草，大概是這群小一娃娃兵所不曾有的新體驗。我也有了新發現：怡捷雖然一個人越拔越遠，卻始終認真的拔著，對她來說，「拔草就是拔草，老師看不看都無所謂。」怡捷的聰明伶俐一直是我最欣賞的，尤其這兩週的表現，不論是對家庭作業的責任感，或做錯事的承擔勇氣，都讓我有信心：「她會越來越出色！」要特別感謝怡捷爺爺、奶奶和伯母的用心，還有遠在梨山工作的爸爸並沒有因為距離而淡忘「為人父」的關愛情。怡捷告訴我，爸爸說如果考一百分，就要給她一百元。「真好賺！」是我當下的價值判斷。雖然我很不贊成用金錢獎賞孩子的課業成績，但對一個父親的表現而言，「會在意」就表示咱們教育有希望了，不是嗎？

像另一位乖巧女生的聯絡簿和作業簿、學習單等，已經連續一週都可以看得到爸爸的簽名，我的欣慰可想而知。事實上，家長的關心受益最大的是孩子，不信？到教室來看看孩子的眼神，就可以瞭解孩子在家庭得到多少關愛！

小傑耳朵好靈，只要一聽到我喊「這棵不好拔」，立刻趕來「哪裡，哪裡，我幫你拔。」搶在小傑之前到我身旁的幾個同學，也都和我很有默契的把這份榮耀讓給小傑。於是整個拔草時間，小傑很難得的沒有被告狀，還為他贏來一個「拔草師傅」的尊號。（隔天晨光時間，小傑遲到了，同學在跑道的另一邊發現大撮的雜草，一直在找小傑呢！）小傑不但拔草，還和同學分享他發現的大自然之美，雙胞胎因此和他成了好朋友，下一堂看影片時，兩人爭著要和小傑坐一塊兒。我想，也許戶外勞動更適合「某些」孩子的學習需求。

岳倫連根拔起了大把土，很細心的說：我要去旁邊甩土，才不會甩到老師的衣服。「啊！怎麼讓這麼善良的孩子，不要總是以「哭」來面對問題？」是我聽到岳倫 Nice 的體貼話語時，許給自己的「行為改變技術」輔導挑戰。（不過我知道滿難的，想一想自己的女兒，不也經常在面對困境時，一把眼淚一把鼻涕的，話都說不清楚；其實自己成長的過程不也如此！遺憾的是我的老師們絕少指導我們如何忍受挫折，更別提面對問題時該如何解決。是那時代的老師缺乏輔導的知能？還是那時代的教學以「進度、升學」為重點，而忽略了最重要的人格教育？「教改、教改」也許教育最需要改的是「老師對話的用心」這一部分吧！）

學苓、若瑄這一群「死忠」的小女生，一直在我視線範圍內動手也動口，聊一些八卦，什麼卡通啦、明星啦，雖然我一無所知，卻也聽得好笑，不過既然是孩子共同的話題，我就不能不涉獵一些，免得師生間的代溝越來越大。

有幾個孩子總是融入不了這樣的團體活動，不論是剛開學的「踢足球」、第二週的「找兩棵樹」、或是音樂教室「認音符」、穿堂階梯「打節奏」，他們總像是班級的客人，只喜歡當觀眾，不愛參與。這回拔草也是，雖然一再邀請這幾位「客人」一起動手，可是不一會兒的功夫，他們便又自顧自的去找他有興趣的。對於他們的「遠離團體」，我都放一隻眼睛留意著，只要不干擾、不侵犯別人，在沒有立即而明顯的危險下，我也容許他們有一些彈性尺度。畢竟「多元」是需要互相包容的。

拔著拔著，孩子們開始發現藏在泥土裡的生命之光，好多我也叫不出名字來的小蟲蟲，牠們身上的色澤光彩炫麗奪目，「哇！好漂亮喔！」此起彼落的讚美聲，引著孩子喜歡上這塊土地，相約要認真拔草，學校才不必噴除草劑，我們才可以看到各種漂亮的昆蟲。這正是吸引我「移民宜蘭」最主要的動機——給女兒一個有生命感的成長環境。

就像昨天吃過午飯，外子在窗邊花台上發現一個變大了的蜂窩，喜孜孜的邀我過去瞧瞧，我卻緊張得大喊「趕快請人來摘除吧！」外子說，那不是虎頭蜂，不會傷人。「是家蜂嗎？」女兒在樓下問著。我的擔憂還沒解除，她已從書房找到昆蟲圖鑑上樓來準備研究一番，然後就聽到他們父女倆的對話「腰很細」、「腳很長」、「很像圖鑑裡的這一隻」、「書上說……」爸爸一長串的唸著圖鑑上的資料。

很難得，忙碌的老爸能陪女兒這麼悠哉的觀察大自然奧秘，不過如果還留在臺北，即使老爸閒著發慌，怕也不知要到哪裡找這樣天成的機會吧！我更樂見女兒已經學得「自己找答案」的能力。後來，我還建議女兒可以拿畫本把蜂窩畫下來，等我午覺醒來，看到女兒的素描觀察力又精進了些，這無疑是因著多接觸大自然的結果。

配合國語第四課「畫畫兒」，我引導孩子畫各種不同主題：畫刷牙、畫視力檢查、下週還要畫「大腳丫下的小人國」，讓孩子把最近親近大地所發現的生命之光，都融到畫裡面。

談到視力檢查時，我公布上回視力檢查的結果，並向全班介紹哪些同學是「千里眼」，哪些同學要多留意自己的視力保健。我鼓勵大家要多走向大自然，多和「綠色」交朋友，多和昆蟲說說話。有人懷疑「昆蟲聽得到我們說話嗎？」科學知識超豐富的一個男生，老氣橫秋的「告誡」全班，「聽得到也聽不懂啦！」那表情好像在嫌棄我們太幼稚了，不想理我們哩！我的想法是，聽不聽得懂是一回事兒，和蟲蟲做個朋友總可以吧！做朋友的第一步就是尊重，尊重牠的存在，尊重牠的生存權，不要帶著趕盡殺絕的習性，看到任何小生命就想捏、就想踩。

於是我拋了一個問題，「拔草那天，有人抓到一隻亮亮的蟲蟲，誰還記得牠被我們抓在手上的反應是什麼？」

「好緊張」、「一直想逃跑」。

我問：「如果有一天，換成我們人類變成那一隻小蟲蟲，你會怎麼樣？」

有的孩子認為不可能有那麼一天，有的孩子已經開始思索著，如果真有那一天……

星期二拔完草，十八羅漢看了一部迪士尼卡通片「風中奇緣」，我期待在看完全片後的對話，能引導孩子就「白人入侵原住民生活的尊重性」有一番體會，也期待家長們在日常生活的身教上，能做孩子的示範：對大自然多一些珍愛，多一些尊重。

從拔草活動中，可以領悟「斬草不除根，春風吹又生」的哲理，也可以印證證嚴法師的靜思語「園裡種菜不長草，心中有愛不生恨」的人生修練，拔草實在是一件非常有意義的事兒！

「生命教育」應該是這一波九年一貫教改聲浪中，最值得教師、家長以及行政人員「在意」的「甜蜜的負擔」吧！

4 感恩的兒童節

「宋老師回來了！」星期三一早，孩子們用熱情的歡呼聲迎接我進到柯林國小的校園。

是的，我回來了。結束加拿大慈濟功德會溫哥華分會的課程，立刻風塵僕僕的趕回臺灣，為了抱抱十天不見的女兒，也為了快快看看念了一個多星期的十八羅漢。其實，在和慈濟人文學校教師的分享中，這十八個生命一直鮮明的活躍在課堂的對話中，那些分享的內容，讓許多為了孩子的教育問題不得不選擇移民的家長們，重新對臺灣的教育改革有了另一種不一樣的看待。

帶著滿嚴重的時差困擾，仍能順利的引著一年級完成「感恩的兒童節」主題探討，還在時差最厲害的星期四下午，做了一場讓外賓讚嘆不已的「生命教育及靜思語對話教學觀摩」，自己也為這群小皮蛋的適應能力感到驕傲！謝謝在我出國這十天裡，李校長及全校同仁的協助，也謝謝全體家長配合淑卿老師的教學，讓我再回到一年級的教室，可以駕輕就熟的立刻找回和孩子對話的默契，立刻笑聲不斷的進行各項學習活動，幾乎不受時差的影響。

孩子問我，「你什麼時候回來的？」

我在黑板寫上「時差」兩個字，讓孩子瞭解東西半球白天、黑夜的輪轉情形，也讓孩子有心理準備，萬一老師因時差不能專心聽事情，希望大家能多包涵。體貼的岱儒說：「如果你想睡覺，我可以幫你捶捶背。」熱心的怡捷說：「我會幫你打一打，讓你醒過來。」家豪說：「啊！我知道，你跟我阿媽一樣老了，所以會想睡覺。」

「老師，昨天建龍老師帶我們全校慢跑，我跑第二名喔！」智隆愉快的報喜訊，引起「News Report 柯林國小新聞報導」的話題。我借用問題：「你們猜，早上老師上班途中，發現了哪些『大地換新衣』的情形？」引出好多「報馬仔」。

「我們種的稻子長高了。」

「許多禿頭樹都長出嫩葉，有些樹葉很多很多哦！」（他們還不會用「茂密」這個語彙。）

想像力豐富的孩子補了一句：「有鳥媽媽在樹葉中結鳥巢」（有嗎？我雖懷疑卻不敢說「沒有」。）

時間壓力下，不能讓孩子充分發表他們對「大地換新衣」的發現，趕緊設計了一張「新聞報導」作業單，讓孩子回家盡情的寫，也盡情畫出他最關心的「News Report」。

隔天，從收來的作業單上，我讀到了好多的 News：第一次到陶藝教室玩黏土、全校出校外路跑、怡捷一個人走回家、發生好可怕的地震、地震讓爸爸公司的玻璃破了好幾片、有人跑了五圈的操場跑道、代課老師教大家種綠豆、爸爸送玩具給很乖的我、學校的草變短但樹長大了、「幸夫」辦法會、高年級表演舞龍舞獅、開慶生會……（真高興看到孩子們真誠的分享，那是一股喜歡對話的泉源唷！）

下課時，有高年級的學姐來分送李校長和楊會長致贈的兒童節禮物——黏巴球，抄完聯絡簿、吃完水果的孩子迫不及待拿著出去大顯身手，可是卻玩得不太盡興，原來他們弄不清是左手拿球、右手拿拍，還是左手拿拍、右手拿球？

重新集合示範說明後，孩子們恍然大悟，「哦！早說嘛！」真是一群事後諸葛亮，不過倒給了我「生命教育」的靈感。

下一節課，我拋了一個問題「有沒有人不會玩這種玩具？」

「沒辦法控制自己手腳的人」、「頭腦阿達阿達的人」、「看不見的人」……。

我問：「為什麼沒辦法控制自己的手腳呢？」

很多的揣測，七嘴八舌的從21張小嘴巴中流洩出來。是導讀《好好愛阿迪》繪本的時機了！

有10個在寒假參與「教師研討對話教學」觀摩的孩子說他們聽過這故事了，問他們還要不要再聽一遍？都表示願意。

一樣是專注的聆聽，一樣是熱烈的對話，不一樣的是因為剛剛玩黏巴球的親身體驗，對書中「阿迪」的慢吞吞，多了一份同情；對「阿強」的不客氣，多了一份不滿；對琪琪的正義感，多了一份欣賞，也為明天「聖嘉民啟智中心」的參訪，多了一份期待！

星期四，兒童節，要帶大家去和一群跟我們長得不太一樣的兒童玩。為了怕聖嘉民啟智中心早期療育的學前班孩子各類的障礙讓十八羅漢太震驚，我做了粗淺、但必要的行前說明：

「等一下我們會看到一些沒辦法玩黏巴球的小朋友，大家來想像一下，他們可能長得什麼樣子？」

「沒有手沒有腳」、「坐在輪椅上」、「一直流口水」、「亂叫亂叫」、「不會說話」、「眼睛看不見」……。

孩子們從公共場所和大眾媒體上看到的身心障礙類別，是他們這般年紀對「聖嘉民小學」（我刻意避開「啟智」兩個字）所能提出的猜臆。

「看到他們和我們不一樣，你會不會笑他們？」

志凡從昨天就一直對這主題有著高度的興趣，對話中不斷貢獻他獨特的見解，此刻更是義正辭嚴的「開導」著我：「有什麼好笑的？他們又不是在表演。」

其他孩子也紛紛搭上這班「同情」列車，「對呀，他們很可憐咧！」「不然讓你像他們一樣，看你怎麼辦？」

哇！我只不過問了一個我擔心的假設性問題，卻引來這樣激動的迴響，待會兒看到「聖嘉民」的孩子，這群一年級小皮蛋兒應該不會太失態才對！

十點鐘，我的一部七人座休旅車，外加三部家長的自用小客車，載著柯林的小一學生，浩浩蕩蕩開拔到丸山遺址旁的「聖嘉民啟智中心」學前班校區，主持人巧琳老師親切的帶引孩子進到活動教室，為孩子說明等一會兒要如何陪這兒的「小天使」散步在春天的花園裡。

巧琳老師對身心障礙朋友的關心與付出，是宜蘭縣教育界人盡皆知的好榜樣，我更欣賞的是；她做起來是那麼的愉快！去年柯林畢業的「九條好漢」也曾因著她的安排，對自己的「正常」，有一份難能可貴的感恩與珍惜。這次因為倉卒的「加拿大」之行，沒能好好和巧琳老師溝通課程的用意，她仍是一副「樂在工作」的笑容，一句「不用客氣，儘管放馬過來」卸去我臨時叨擾的罪惡感。

平日活潑到有些隨便的這群一年級，看到陸續進到活動教室的聖嘉民小天使，竟是鴉雀無聲的看呆了眼，特別那幾位在學校有點「過動」的小麻煩，這一刻變得好柔軟！輕聲細語的勸小天使不要哭、不要叫、不要亂跑；動作輕巧的帶著他們預選的小天使玩開車遊戲；小心翼翼的攙扶小天使回座位。

互動中，我開心的發現了怡捷很會招呼小天使、孟涵引導小天使的技巧很高明、志彥很能理解小天使的困難、岱儒很熟練的指導小天使前進、小傑一反平常橫衝直撞的調皮樣兒，很慎重的隨侍在小天使身旁、志凡對待小天使的細心，讓我想起志凡的家長曾經告訴過我，志凡在家是一個很會照顧兩個弟弟的好哥哥哩！

若瑄、藍倪想帶小天使回飯桌用餐時，一個不小心，險些挨「唐氏症」的小天使一巴掌；岳倫鍥而不捨的勸導小天使不要玩玩具汽車，好多孩子想親自餵小天使吃飯，礙於得趕回學校用餐，這心願留待下一次的機會囉！

回學校吃完午餐，來參觀「對話教學」的外賓已開始遊走在教室各角落，這群小皮蛋對外賓來訪，早已司空見慣。品賢認得其中一位帥哥，就稱他「小鳥老師」，因為這位陳老師曾經到「

幸夫」義務指導園童創意美勞；智隆機靈的認出「陳校長」，只憑午餐時李校長對來訪的陳校長一句「歡迎」招呼；另兩位生面孔的阿姨，也可以引起孩子豐富的聯想，我真是被他們奇高無比的「好奇心」打敗了！

最讓外賓嘖嘖稱奇的是孩子們天真、熱烈的對話內容，不但毫無冷場、而且笑聲不斷！外賓很訝異我的調適功夫，他們覺得很不可思議的是：去年我擔任畢業班導師，可以和青春期的高年級學生對話，換成一年級的小娃娃，我也能營造出愉快的對話環境。

「這很難嗎？」我疑惑的自問著，是不是「以對方為中心」的對話精神，已然在我的班級經營中印證出真理了？

「對話教學」觀摩會結束前，我送給孩子一句「靜思語」——「取笑別人不禮貌，讚美別人才是好」，做為我們班開始推行「口說好話、心想好意」的啟程，也盼望家長一起來響應，讓「說好話」的好習慣落實在每一個家庭中。

知道我又要帶學生校外教學，倩如老師好心的提醒我：有「人」對你們一年級辦這麼多活動有一點擔心哦！

擔心什麼？

似乎擔心的人也說不出個所以然來！但身為教師，我清楚的意識到「孩子的成長不能等」，也許這個「感恩的兒童節」主題活動不能幫孩子「考」到很高的筆試分數，但被激發的「惻隱之心」及「感恩惜福的生活態度」，卻可以陪孩子自在的過這一生。

同意嗎？

5 誰要帶兔子回家？

我真喜歡看到孩子透過討論而建構起生活中解決問題的方法，不需要教條，不需要大人的仲裁！

二年級開學的第三天，我急著帶全班到羅東運動公園上這學期的第一次游泳課，出發前在停車場草叢邊瞥見一個小籃子內擠了兩隻肥兔，我擔心繼續晒太陽的後果是：兔子被烤熟了，所以趕緊請求行政人員協助後續處理。

游完泳回到學校，聽說有一隻兔子已被六年級同學認養了，剩下一隻待處理。由於早已習慣孩子們總能想出適當的解決之道，所以也就沒有介入七嘴八舌的「怎麼辦」。

果然，岱儒練完扯鈴就拎著籃子，帶著兔子回家去了。

隔天一早兔子又出現在教室，而且成了集三千寵愛於一身的「班級超炫明星」。

「小心一點！別踩到牠！」

「不要追牠！牠會害怕！」

「岱儒，你餵牠吃什麼？」

「可不可以讓我抱一下？」

「我今天可以帶牠回家嗎？」

我們的新同學兔寶寶。

「鐘響了，趕快把牠抓回籠子裡。」

孩子興奮的對話，聽得出無限的好奇、無限的關懷、無限的喜樂。

岱儒爸爸要結束晨光活動前給我一個任務：「和全班討論要怎麼來養這隻兔子？」

那一天，又是身高體重測量，又是視力檢查，又是前一天游泳經驗分享，把我忙得忘了兔子的存在，其實最主要的是：孩子與兔子互動間「動」與「靜」的拿捏，幾乎讓我忘了牠的存在。我好佩服這群不過七、八歲的孩子對「什麼時候該讓兔子出來活動活動」，「什麼時候得趕緊把兔子抓回籠子裡」掌握得恰到好處，儘管下課時間陪兔子漫步青翠草地是那麼的有趣，那麼的亢奮，一旦坐回上課座位，卻又是那麼的專注，那麼的用心於課程的學習。

於是，放學了，我都沒意識到兔子是一個問題。還好，孩子們早已形成共識，瞧！儼然是兔子爸爸的岱儒說話了：

「今天先讓孟涵帶回家，明天再換別人。」

「大家要先回去問問家長要不要讓你帶兔子回家喔！」

「我一定可以帶回家！」雙胞胎好篤定的說著。若瑄、志凡、ㄚ佩、智隆、品賢也都興高采烈的附和著。

上課了，趕快讓兔寶寶回籠。

「我媽媽最怕臭味，我看我是別想帶了。」也有人發出好失望的語氣呀！

「我爸爸最會養小動物了，我回去問看看，該給兔子吃什麼？」志凡每次談起爸爸，總是無限榮耀在臉上。

聽得我鬆了一口氣！雖然來不及帶領全班討論「怎麼辦？」卻給了孩子一個更寬廣的空間，允許他們自主的構思怎麼解決問題，允許他們平等的交換個人心得。老師，有時候要學著「閉嘴」哩！

可不是，次日上學的「兔子話題」更豐富，更多元。如：怎麼幫兔子清理環境？可以餵兔子吃些什麼？帶回家要怎麼照顧？家裡有小貓、小狗怎麼辦？會不會生病？……

每一個休息的空檔，總充滿著許多的「兔子長」和「兔子短」，我卻一點也插不上嘴，應該說，孩子一點也沒把我放在眼裡，自顧自的討論得好樂！沒有任何紛爭，沒有任何麻煩。或許孩子也習慣了：反正問宋老師，宋老師也是說「我們一起來想想看，怎麼辦？」於是乎，接下來的「兔子總總」都煩不到我。

一直到要連休兩天的星期五下午，雙胞胎媽媽打電話問我：「照號碼輪，不是該輪到阿彥嗎？怎麼被我那兩個兒子帶回來了，是不是我兒子太霸道，硬把兔子搶過來？」

雙胞胎媽媽關心的不是養兔子的麻煩，而是擔心兒子是否破壞了同學們建制的遊戲規則。

沒一會兒，阿彥的媽媽也打電話來，好緊張的問著：「老師，現在兔子在哪裡？不是說好今天輪到我們家嗎？」我告知被雙胞胎帶回去了。「哦！有人照顧就好，我是怕輪到我們阿彥，他沒照顧好，會害死兔子」，阿彥媽媽計較的不是養兔子的權利，而是掛心兔子週休二日的安危。

連著兩通家長電話，我開心的解讀到「學校、家庭全民運動，一起關心兔子」的美麗用心，我又奢侈的期盼著，如果所有青少年都能像這隻兔子般受到如此細膩的關愛，「中輟生」應該可以成為歷史名詞吧！

從兔子來柯林到現在，整整三星期了，孩子陪兔子追趕跑跳碰的興致仍是那麼高昂，每天「誰要帶兔子回家？」自有他們的一套輪流機制，一點都不需要我操心。望著孩子提著兔子回家的背影，我反思著：棄養兔子的主人固然不對，但因為這個「無常」，搭起了孩子和兔子生命共同體的「緣」，是孩子的福氣？還是兔子的福氣？

6 成長的意義

最近班級的家常話題是「兔寶寶」，因緣際會，造就許多孩子們合作學習、解決問題的對話機緣。我一直以讚賞心看待孩子們的各項學習，這兩週來的「兔寶寶」連續劇，劇情更是高潮迭起，包括：家華有感於「兔寶寶」窩在小籃子的不忍人之心所提出的送給別人養，引發岱儒更多的關照而激發全班群策群力為「兔寶寶」製作一個別出心裁的紙箱——兔窩，小朱很貼心的幫兔寶寶新家挖了一個門，芳瑜、學芩幾個女生發揮美工專長，讓那個紙箱不再只是紙箱而已。

佩吟因為長期照顧兔寶寶的情感滋長，讓兔寶寶最習慣她的指令，叫一聲「回去」，兔寶寶真的往敞開的大門鑽進紙箱；志凡教牠向老師揮前腳，表示「再見」，還興奮的向全班分享兔寶寶到他安親班時會「站起來」的成就；向來少發表的文杰終於說出這隻兔寶寶和他們家裡養的兔子有什麼不同；若瑄騎腳踏車上學，仍然克盡職責的把裝著兔寶寶的籃子小心翼翼的夾在後座帶回家照顧；幾個得不到家長許諾「可以帶兔子回家養」的孩子，只能在學校多抱抱兔寶寶，或放學路隊時藉著提提「兔子書包」過過癮，到校門口就把籃子交還當日的兔寶寶保母。

有一天抄聯絡簿時有人突發奇想問道：「兔寶寶是我們班20號，那牠要不要寫功課？」「誰來出功課給牠？」「誰改？」……

每次遇到這樣的問題，我都只能以「哇咧！」來形容我對孩子們異想天開創造力的心情反應，「不過度介入」「不急於表態」是我能看到孩子們腦力激盪成效的好辦法。

因為是「班兔」，所以班上的所有獎懲牠也有一份，儼然是兔子爸爸的岱儒尤其會為兔寶寶爭取福利。瞧他10月8日的日記：我今天跟兔寶寶玩得很高興，每次鐘聲剛響我就趕快抱兔寶寶進籠子裡，我在鐘聲響完之前把兔寶寶放回教室，還可以進格，今天又拿到一張鼓勵卡，兔寶寶再拿到三張鼓勵卡，就可以換一張好棒卡了，每次我幫兔寶寶進格的時候，我不會給他一格，我給他進七格。

其他孩子的寫作焦點也脫不開兔寶寶的話題！易昌9月24日的日記：今

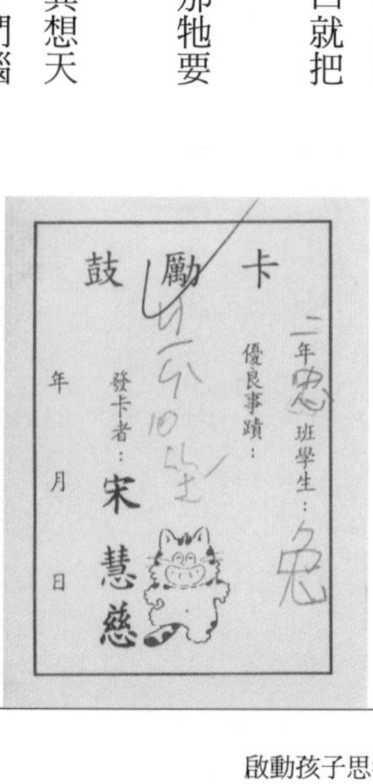

兔寶寶是班上的一員，所有獎懲都有一份。

天我們帶兔子出去草地上的時候，志凡就拉兔子的耳朵，岱儒就說志凡以後不能拉兔子的耳朵。我們又把兔子放到溜滑梯上面，讓兔子溜下來，嘉蒂姐姐就說我來抱兔子吃芭樂，好嗎？我們說好啊！

News Report 上，孩子會寫長長的造句，兔寶寶的見報率更是高居排行榜！

【新聞記者陳若瑄】

今天有一個叔叔來拍我們和兔寶寶，我們還跟兔寶寶玩，還有做兔寶寶的房子，最後我騎腳車載兔寶寶去家華、家豪家。

【新聞記者游岱儒】

今天有一個叔叔來幫我們拍照，我跟兔寶寶拍一張照，有人也跟兔寶寶拍照，我們都一起跟兔寶寶在草地上玩，我們還餵兔寶寶吃東西。叔叔問我：「你們都怎麼照顧牠的？」我就說：「幫牠清理籠子，放食物給牠吃。」

班上新來的轉學生「20號兔寶寶」顯然沒有任何新環境的適應困難哩！

除了每天要多花些時間聽聽孩子對兔寶寶的新發現，我倒是滿平常心對待這個「無常」的降臨，包括媒體的採訪。

這一班孩子對教室有家長或來賓參觀教學，早已司空見慣；對媒體記者的獵取鏡頭也早就習以為常，於是只要不過度干擾我的對話教學，我都願意接受外人的到訪，從上回「拜訪水牛先生時」，智隆望著圓圓的攝影鏡頭，膽怯的說「黑黑的，啥也沒看到」，到現在面對訪客流利的侃侃而談，我相信是柯林開放的學習環境，給了孩子無拘無束的成長園地；當然，另一個重要因素是：我不曾小題大作的大肆整理環境，或大驚小怪的刻意訓練孩子的應對台詞，「是什麼，我都接受」！所以有一個女生告訴記者「我阿嬤說：『讀冊不讀，養什麼兔子？』」一個男生支支吾吾說：「我阿公說『臭死了，抓去丟掉啦！』」。

更絕的是，民視記者來拍的唯一帶子，交給各有線電視台後，剪輯的重點，記者的旁白各不相同：有的強調孩子自主解決問題的能力，有的聚焦在兔子帶給孩子尊重生命的學習；親朋好友看了新聞報導的反應也都不一樣：有的人關心孩子養兔子後的健康、已經轉學的邱瑄特別在意教室黑板上還有她的名字、最勁爆的莫過我以前在臺北任教的學生家長，看了電視畫面上我身材，以為我又懷孕了，趕緊打電話來恭喜！

唉！竟然沒有人注意到我們的兔寶寶多肥、多可愛呀！

這就是多元的社會！真相只有一個，但因為每個人關心的焦點不同，解讀的訊息就不一樣，所以啊！「對旁人的評論實在不必太 care！」對應最近學校行政對老師們教學專業的觀點，突然覺悟到「認為對學生有益的，做了就是！不需要向別人證明什麼，當然更不需要解釋太多。」這是兔寶寶事件帶給我最大的學習。

九年一貫，要照顧到來自十七個家庭的十八羅漢；一套教材，要圈得住十七對爸媽不同的教養理念；一個老師，要符應得了新舊斷層的行政理念，如果沒有「雖千萬人，吾往矣！」的教學氣魄，如果沒有一校之長「就去做吧！」的承擔肩膀，新課程只不過是另一套「新瓶裝舊酒」的時代笑話！

我感謝老天賜給我「天時、地利、人和」的好機緣，在「九年一貫課程」不被看好的那個年代，我品嚐了猶如「教改美酒與甜食」的創新教學樂趣！

第八章

五天四夜，火車環島學習之旅

稱得上是我教學生涯「重頭戲」的五天四夜火車環島學習之旅，是一個全方位的主題網對話教學課程，也是「班級經營」心連心的一次大挑戰！

當年（二〇〇一年）臺鐵羅東站盧站長還寫了一封信來鼓勵我們：

我看柯林國小學生「火車學習之旅」活動

冬山鄉柯林國小宋慧慈老師曾於去（八十九）年十二月上旬率該校近十名學童至車站購買車票，藉校外教學的機會，學習「表達與溝通」及「問題解決」等課題，猶記得當時還有多名媒體記者在現場報導，可謂熱鬧滾滾。

事隔數月，宋老師又提出一項「學生學習之旅」活動計畫，擬透過「對話教學」帶領學生實際規劃「火車環島」的參訪行程，並學習「環島之旅」所需具備的生活基本能力，而在行前十來天，免不了再次造訪本站。這次，學生們的諮詢內容是如何購買環島週遊券及環島旅遊期間各路段之車次安排。有了上次接洽的經驗，學生們對於如何提出問題似乎更能掌握重點，也更會觸類旁通的抓住機會探究相關之訊息。

由於一般國小罕有環島旅遊的壯舉，基於好奇心驅使，本人曾向宋老師要來一份實施計畫及行程表，發現在五天四夜的遊程中，共參觀了知本森林遊樂區、墾丁國家公園、雲林縣口湖鄉、國立自然科學博物館、公共電視台等地點，可謂兼具自然、知性之旅，而行程中每一晚大都安排分散住在接待家庭中，更是一項突破性的大膽嘗試，因為雖然國外實施遊學或互換學生而寄宿接待家庭的例子很多，但在國內確是寥寥可數，令人不得不佩服柯林國小及宋老師等人的遠大眼光。

不知學校或學生家裡的資訊設備是否充足，如果在出發前能夠利用網路或圖書資料，大量蒐集相關地圖、鐵公路機構及欲參訪地點之資訊，相信在行程中更能相互印證得心應手，這點，也許宋老師已經做了，但我在活動計畫中並未能看出。

鐵路局羅東站　盧晏初

就如盧站長所言，臺灣體制內的小學，能完成長達五天四夜的「火車環島」學習，肯定是空前的，尤其當時的宜蘭縣規定學生的畢業旅行「不能到外縣市」、也「不能過夜」，冬山鄉柯林國小當屆畢業生的九條好漢，真是創舉！至於盧站長在信末提到的「未能看出」的相關學習歷程，其實已經佈滿在整個六下這一學期的主題網課程，且創造了環環相扣的問題解決方案，包含：經費預估、行程規劃、食宿接洽、分工協調、合作學習和團隊共識等。

我很感謝行政風格小心謹慎的李錦昌校長沒有阻攔我發展這個主題網對話教學，我也很感謝他試著為九條好漢爭取那「不可能」的經費補助，我更感謝他在那個民風不算開放的鄉間學校，勇敢的為我擋下所有的質疑與責難！

結束五天四夜火車環島行程，再回學校的第一時間，好多老師說九條好漢長大了！真的！

雖然不是天生麗質，卻真的歷經風霜呀！

1 行前學習腳步

六年級下學期的第一天起，每天導師時間的「走臺灣」主題網對話教學活動，是九條好漢又愛又怕的項目，每一條好漢天天都會經歷其他八個同學對他建議的行程提出琳瑯滿目的疑問與挑釁。我堅持「帶起每一個孩子」的教育理念，以「全員參與」的「全面性問題解決」對話策略，引領九個腦袋、九張嘴巴相互激勵，「『提問』比『給答案』更重要」的原則，讓我經常得把到嘴邊的「那還不簡單！」「乾脆就……」大人輕易就想得到的方法，硬生生的吞下。好幾次遇到學習落後平均值的那兩條好漢，還逼得我「威脅利誘」的負面身教全出籠。

還好，我能把握住「主題網對話教學」的精神：點燃孩子們的學習熱情，提升孩子們解決問題的勇氣，擁抱珍惜那努力過的腳印，「不預設行程」、也沒有「英雄人物」，就透過孩子間不斷的提問、不斷的澄清，讓九顆心的距離更靠近了；出發前的「我們這樣努力過」學習記錄，確認九條好漢已經為五天四夜奠定了「經得起挑戰」的基石！

我引導九條好漢把「我們這樣努力過」的行前學習腳步，分類成「最辛

在校長、師長、家長的殷殷叮嚀中，九條好漢展開五天四夜的火車環島學習之旅。

苦」、「最糗」、「貢獻最多」的心情紀實，讓「走臺灣」的多角度記錄，呈現出最原汁原味的「五天四夜火車環島學習之旅」課程發展對話教學歷程。

讀好漢們的真情告白，我要說的是：「如果不是心臟很強的校長和家長，不會容許老師這麼創新！」

最辛苦的……

★張朝賢

我覺得最辛苦的是宋老師要我們寫推薦「火車學習之旅」時要去的景點。

90年3月8日，宋老師要我們回家收集資料，並寫出火車學習之旅自己所推薦的地點兩個，還要加理由。宋老師說完以後就問大家有沒有問題，我想這個工作應該不會太難吧！所以我就說沒有問題。

結果回家以後，我才發現雖然我已經想到要去的景點了，但是我根本不會寫推薦內容，我很著急馬上打電話去問同學，可是大家都說得很含糊，我急得真像熱鍋上的螞蟻，後來沒有辦法，我只好拿捷運手冊來應付明天的報告。

隔天，我還是上台報告了，但是因為我沒有做推薦的海報，所以宋老師就說我不合格，後來我參考別人怎麼寫，才把它完成。

★游善合

最辛苦的一件事是：設計五天四夜的行程表。

老師帶我們去火車學習之旅前，給我們一個大功課，那就是設計行程表，千萬不要小看「行程表」這三個字，它啊~可是把我們全班累得死去活來，因為要一直到處聯絡、到處問。比如說，到了臺東火車站，要怎樣去知本森林遊樂區，坐客運嗎？那要多少錢？到知本要多久？幾點幾分才有一班？晚上要住哪？如果要住旅館又要多少錢？那旅館又在哪裡？一天下來又要花多少錢？一段一段又要多少時間？時間夠不夠？不夠怎麼辦？第一天就有這麼多的問題，我們每個人要安排四天，最後還要打成表格，夠了~夠了~夠了~好累！好累！好累！

好不容易，終於完成了這一份五天四夜的行程表，總算可以喘一口氣，沒想到老師為了幫我們省住宿費，四個晚上住的地方都幫我們預先安排好了。

哦！昏倒了~~~

★許惠鈞

我最辛苦的是上網查知本森林遊樂區。

「火車學習之旅」出發前，我認養「導覽知本森林遊樂區」的工作。最辛苦的是上網查資料。每次老師出關於聯絡「火車學習之旅」的功課我就頭痛！記得有一次上網查知本森林遊樂區的遊園地圖，怎麼查都查不到，查了好多網站都沒有，有時候家裡的電腦又鬧脾氣，真是把我氣得一個頭兩個大呀！眼看著就要出發了，趕快在學校查遊園路線圖，我先到奇摩站查，電腦說沒有這個資料可以提供，我又到蕃薯藤找，也顯示沒有資料。哇！我急得快哭出來了！怎麼辦？再過兩天就要來真的了，但是我到現在還不知道要在森林遊樂區待多久！哇！我可慘了！不過還好後來我終於查到這份非常寶貴的路線圖。現在我一看到電腦就頭昏腦脹，也難怪，光是查知本的資料、圖片，就在電腦前耗了四小時耶！

那段準備「火車學習之旅」的對話教學，對我來說，日子真是漫長，雖然要查的資料不多，但花的時間卻用得非常多，也花了我很多的心血。不過還好這次的火車之旅進行得很順利，真是「皇天不負苦心人」呀！

★邱惠妮

我最辛苦的是第一階段查火車時刻表。

一開始我們在認養「火車學習之旅」的負責工作時，因為我當時猶豫不決，又想做這個，又想做那個，實在是不知道要認養什麼工作好。最後，簡單的事情被大家給選光了，我只好選「查火車時刻表」。所以，如果可以上電腦，我就趕快跟負責「知本」的惠鈞、負責墾丁的薇萍核對一下。不過，火車時間都銜接不上。所以，每一次「走臺灣」對話時，輪到我，我總是不知道要說什麼。

這一次的教訓，讓我知道，如果沒有把自己負責的工作做完，就無法得到別人的信任。

★陳是愛

我最辛苦的是去車站劃位子。

要出發的前幾天，我們都忙著畫位子，雖然心裡很興奮終於要去五天四夜的火車學習之旅，可是「畫位子」真是一件很辛苦的事。

有一次在羅東車站，旅客好多好多，我們排在長長的隊伍裡。幫我們畫位子的叔叔很沒耐心，叫我們下午再來畫，可是我們下午沒時間再來，所以他很不情願的幫我們畫，畫得非常的慢，很多排在後面的人開始不耐煩。我聽見了一些聲音說，那些小朋友怎麼沒去上學？他們逃課嗎？我趕快解釋「老師要帶我們去環島，要先畫位子。」真煩！偏偏那天羅東車站很悶，噪音又大，偶爾畫位的那位叔叔問我們一些事情，或我們要回答他，都覺得好辛苦。但是因為大家的耐心，克服那種種困難，最後都畫好位子了。大家辛苦了！

★賴吟吟

我最辛苦的是負責紀錄各個地方停留的時間和查火車時刻表。

在大家認養工作後，我本來是聯絡公共電視台的陳老師，因為我不敢打電話，所以我跟惠妮換了工作，我對這個工作很有興趣，便投下了一顆熱忱的心，我必須跟每一位同學溝通、協調，解決各種問題，而且要配合上火車的時間，不能出差錯。每天放學一回家，我做的第一件事情是——打電話給同學，問各個站停留的時間要多久，一一寫下來，電話一直響起，從來沒有停過，我忙得不可開交，可是，我很開心，因為我想到再過不久，我們火車學習之旅就要出發了，心中不由得又開心起來。

我作的這份工作雖然很辛苦，但可以讓行程銜接得比較順利，再辛苦也值得。

最糗的……

★陳是愛

我覺得我最糗的一件事是打電話到 104 去問六福村怎麼走。

這學期一開學，我們在聯絡簿寫下自己提議的「火車繞臺灣」想去的地方，而且要把地點、票價，以及要怎麼去等等都問清楚，然後要向全班報告。還記得 2 月 22 日晚上七點多時，我要打電話去問六福村的電話之前，還特別請我最好的朋友永恩先聽我練習一次，也問薇萍，我這樣說可以嗎？

撥電話時，我覺得自己好棒！在等時，我又練習了一遍要問的問題。終於有人接電話了！「查號台你好」哇！好棒啊！我成功了！我很順口的說：「請問六福村要怎麼去？門票多少？」

那位小姐說「對不起！我不知道」。我只好謝謝她，但心裡想：那是什麼工作人員啊！宋老師說在那裡工作的人應該都知道每一個遊戲區的電話。

後來我又打了一次時，才發現六福村的電話是 5475665，我剛打的是 104，而 104 不是查電話的嗎？難怪那位小姐才說「查號台你好」，也無法回答我問的問題，害我和永恩笑得肚子都爆了。

不過，我覺得那位小姐人真好，沒罵我也沒笑我，還很客氣跟我說對不起。我覺得自己很白癡，這件事使我以後要打電話問事情都非常小心，也不再把對方想得很沒耐心或很嚴肅，我現在問問題也大方多了。但想到這件事還是會覺得很好笑喔！

★游善合

最糗的一件事是打兩次電話，卻問同樣的事情被罵！

「火車學習之旅」最大的特色就是每個人認養一個站，當輪到自己負責的站後，就要帶隊，到達下一個地點後，就換另一個人再帶隊下去，所以每個人都要對自己認養的站負責到底，負責的意思就是到了那一個地點後，你要安排要坐什麼交通工具到下一個地點去，比如說，火車到了枋寮站下車後，可以坐什麼交通工具到墾丁，到了墾丁後，又要安排時間，要去哪？做什麼事，所以如果要去問事情的話，打電話是不二法門。

我是負責從知本森林遊樂區離開後，到曾世杰教授家的行程，所以我要打電話問客運幾點幾分才有一班，當時問到4點多的和六點多的，咦！有沒有五點多的呀？再打一通，我問了同樣的問題後，接電話的人就%$#@！&＊「有完沒完」被罵得好委屈ㄡ！還好他不知道我是誰。

★張朝賢

我最糗的事是第一次打電話給宗主任。

90年3月11日，宋老師要我們打電話聯絡自己負責的地區或接待我們的人，我負責聯絡的人是花蓮啟智學校的宗主任，我回家以後，馬上聯絡宗主任，電話剛接通，我就說：「請問是宗教授嗎？」宗主任聽了笑著說：「不敢當！不敢當！」一開始我聽了這句話先愣了一下，然後馬上看了一下聯絡簿，才知道我說錯了，我就馬上改口「啊！宗主任！」接著，宗主任就和我天南地北的聊了起來。

第二天，我把這件事說給大家聽，結果大家都一直笑，這時候我覺得好糗喔！

貢獻最多的……

★陳是愛

這次準備中，我貢獻最多的是提醒大家，我們買的是環島的票，提前一站訂位「不會」多花錢呀！

離「火車之旅」越來越近，我們正忙著在環島票上畫位子，討論中遇到很糟的事情。有幾次我們想訂的位子都沒有了，朝賢說可以提早一站訂位，可是要花比較多錢，如果有些人多花，有些人少花，可能會不公平。

當時我也不知道哪來的好頭腦，忽然想到：我們買的是環島啊～花一七〇六元，總共可以畫七次，所以應該是不管從哪裡到哪裡，只要選七站，價錢都一樣，不是嗎？不然買環島票有什麼意義！直接買票就好了。所以，我就勇敢舉手問宋老師，宋老師說對啦！並且說我頭腦好清楚。

所以從羅東到臺東沒位子，可以訂成宜蘭到臺東，而且不需要從宜蘭上車。因為我發現這個秘密，幫了個大忙吧！我就可以加三分，我好高興。之後我們就學會可以從哪訂到哪兒，都用不著擔心價錢，只要能夠有位子就好了。我對我自己可以很快的想出這個問題的解決方法，好像「警察破案子」。我真不敢相信我怎麼會想得到！因為班上很多人的頭腦都比我靈光許多，我好高興我居然有這樣的貢獻。

★游善合

貢獻最多的一件事是出發當天我請大家吃蕃茄。

火車學習之旅出發當天，因為我很興奮，所以我很早就起床了，準備著最有營養的有機蕃茄，想帶到學校請大家吃，學生一人兩個，老師一人三個，我摘了剛好的數量後，用清水把蕃茄洗乾淨，再分別一個一個裝到了袋子裡，出發往學校去了，那一袋蕃茄算算也不輕，我記得當時提得手好酸！學校終於到了，看看大家都很興奮的要出發，宋老師看到了我這一袋蕃茄後，非常高興，誇我很用心！但是宋老師說到火車上再吃吧！

所以，我又要辛苦的提一陣子了，不過「甘願做，歡喜受」，我從第一月台，一直不停的下樓梯、爬樓梯，終於到了，等上了火車，我把蕃茄發了出去，心想終於可以輕鬆了，當時我還把蕃茄給了一個我不認識的姊姊，「大家吃啊，有什麼不可以」不必不好意思啦！

2 教師陪行手記

第一天

大伙兒興高采烈的背一袋、提一袋準備啟動火車學習之旅，有個男生遲到了！他因為前一天犯了嚴重的家規，本來被家長勒令禁足，幸得外子（孩子們口中的師丈）出面力保，家長才勉為其難放行，但言明在先：如果他稍有怠忽的話，家長隨時願意接他回羅東在家自行教育；到羅東車站，校長和幾位家長趕來送行，朝賢慌慌張張的找不到他的環島票，大隊人馬翻遍各自的行李，忘了是誰，在售票櫃台發現那一本環島票，原來朝賢劃完位後，忘了放進背包，喔！我都快昏倒了！這一路還不知道會有多少「無常」來考驗我的心臟病呢！

第一程羅東到臺東的自強號上，我們就幸運的得到難得的社會資源。一位休假的東線列車長黃宏欽見我們在討論火車時速、花東縱谷等問題，熱心的提供他的專業知能，又說明「會車注意事項」，又解釋「路牌的功用」，還帶我們到駕駛室實地瞭解鐵路常識，嘿！一定不能忘記這位黃叔叔的熱心！

終於到了臺東車站！瞧惠鈞緊張得臉色都變了，她是這一站的召集人！也是「著急人」！

原來她從網路和電話中問到的往知本的鼎東客運不知在哪兒搭車，拖著大隊人馬背一袋、提一袋的和她瞎晃，偏偏天氣奇熱，好幾回我想開口直接教惠鈞比較簡單的方法，但終究把話吞了進去，我要謹守「不是立即而明顯的危險，我絕不出面的原則」。雖然這要耗掉許多時間，「堅信孩子終有解決問題的能力」讓我覺得值得「等」。這也正是「主題網課程設計」迷人的地方，關鍵就在老師能不能耐得住不輕易「給答案」！

果然有人抱怨了！善合：「好熱啊！妳怎麼不先去找到客運站，再來帶我們？」

佳琳總是那麼善良！「阿鈞，我陪妳去找！」多讓人感動的一句話。接著朝賢、善合發揮殺價功力，找到寄行李的地方，我們才能一身輕便的順利走到客運站！

說起來真是丟臉！讓孩子們嚐到寄行李殺價的甜頭，竟然連買客運票也和售票員討價還價，「拜託啦！我們從宜蘭來，很遠咧！」「同情我們才小學而已，算半票好不好？」然後個個縮頭半蹲！

那一刻，我躲得遠遠的拍下他們死皮賴臉的畫面，還真是怕被售票員問出是哪一個學校？校長是誰？老師叫什麼名字？等客運的五十分鐘空檔，學生在做什麼？

想起大家爬好漢坡時互相打氣的樣子，回想起大家排成一縱隊，有說有笑穿梭在綠蔭如畫的森林遊樂區步道，我也跟著放鬆緊繃的神經，多吸好幾口芬多精！然後大夥兒都脫掉鞋襪，讓雙腳沈浸在冰冰涼涼的泉水間，好舒服，好愜意！忽然佳琳跌了個四腳朝天，好漢們一定忘不了她的糗狀。

離開知本坐上客運回臺東，善合負責聯絡的曾世杰教授已等在車站外準備接我們去吃晚餐，薇萍像發現新大陸般，跑來向我「報馬」：「老師您有沒有見過曾教授？好帥喲！」

我的確是第一次見曾教授，他是臺灣特教界認知心理學領域的專家，謝謝他幫我們解決第一晚住宿的問題，謝謝臺東市東海小學的劉瑾瑜老師提供她用來當讀書會的公寓給大家過夜。有誰記得第二天劉老師請大家吃什麼早餐？最可貴的是劉奶奶親手煮了茶葉蛋，還都剝好蛋殼了呢！

等客運時間的數學課「學機率」。

第二天

火車到枋寮靠站，換薇萍當領隊帶我們去墾丁國家公園的鵝鑾鼻燈塔玩。有了前一天找客運的經驗，薇萍很聰明的說：「你們先在這兒等，我去問清楚再來帶你們。」好心的佳琳又說：「我陪妳去！」

其實每回聽孩子們說要離隊去做啥，我都好擔心耶！總要等到他們安然歸隊了，才能放下七上八下的那一顆心。我還真佩服這群家長這麼放心的把他們的寶貝兒女交給我這麼多天、又這麼遠的旅途。

往鵝鑾鼻的中南客運開得有夠飆！飆得宜蘭縣扯鈴第一名的善合臉色發白，險些吐在車上。「百聞不如一見！」是大家看到鵝鑾鼻燈塔及蔚藍的香蕉灣海岸共同的心聲。可惜！因為時間關係，不能讓大家靠海嚐嚐南臺灣的海水味，是愛和善合一直耿耿於懷！我說：「沒關係，來日方長，留個可以再來的理由也不錯呀！」

回高雄的客運上，朝賢突然發現他的相機好像遺留在墾丁國家公園管理處，但幾通電話聯繫後，朝賢大失所望！看他那麼擔心、沮喪的神情，幾個女生不忍心的向我提議「老師，我們用公款買一個新相機給朝賢吧！不然他回家要怎麼辦？」

（「哇哩咧～拿公款買相機？剩下的幾餐怎麼辦？虧您們想得出這種辦法！」雖然我心裡這樣嘀咕著，卻打從內心深處喜歡孩子們那一份「惻隱之心」，但願大家都能長保這份心！）

下了中南客運，到高雄火車站轉電車準備坐到橋頭接受興糖國小沈宜純校長的招待。「搭電車」的購票過程讓我好欣慰！這九條好漢自然的看別的客人怎麼使用自動售票機，也就熟練的如法買到電車票。比起上學期城鄉交流要買車票上臺北，大家的學習能力真是增加太多了。

在電車上，我們分組搶答「自強號列車和電車有什麼不同？」大概被好漢們的創意與觀察力震撼到，另一位剛下班的鐵路局員工自動加入我們討論行列，還貢獻許多他的寶貴經驗——搭火車的安全事項，看！又是一個熱心人！

一出橋頭車站，就看到沈校長帶了四部轎車來接我們，高大的沈校長很有男人婆的味道，人粗，心卻很細呦！高雄一站的行程全仰仗沈校長的打理。第二天的晚餐是由興糖國小徐主任家的徐奶奶「辦桌」。第三天早餐由興糖國小家長會長招待，哇！我們又省下兩餐的經費，最重要的是裝滿了興糖國小的盛情哩！鈺群爸媽千里迢迢趕來橋頭吃「辦桌」，感受到高雄人的熱情，當場放話「好膽過來宜蘭，我們也辦桌伺候！」

第三天

九條好漢隨著路隊，從糖廠大門口，穿過好美的綠色步道走進興糖國小，那麼多人一起上學的感覺，和我們柯林很不一樣吧？

看孩子們魚貫進校門口，我好興奮！可是一聽說他們昨天在徐主任家「瘋」到三點才睡覺，我的無名火氣立刻上升，把九條好漢叫到一旁訓了幾句，他們原本得意的神色頓時轉為驚恐，我也自覺到「憤怒的背後是恐懼」的道理。

這一路，我最掛心的莫過於孩子們的健康與安全，尤其校長再三叮嚀的那一句「每個孩子都是家長心中的一塊寶」，我的壓力更大，實在容不得有任何的閃失，所以我戒慎恐懼的呵護著大家的安危，卻忘了「孩子嘛！難得有個機會能混晚一點！」

參加興糖國小的兒童朝會，大概是被我罵傻了！還是鄉下孩子沒見過大場面？怎麼聽到別人的歡迎掌聲卻毫無反應？我感到有點難過！覺得好像是我沒教好，前兩天的成就感、歡喜心一掃而空！

觀賞完興糖才成立一年的布袋戲團表演，匆匆到六仁教室見個面，根本談不上「交流」，我們就得告別溫馨、熱情的興糖國小繼續趕赴下一個行程——嘉義啟智學校。

依依不捨中，我們約定八月四日到臺北替他們的布袋戲團加油喔！

「屋漏偏逢連夜雨」，第三天真是狀況百出！吟吟的環島票不見了，阿妮的紀念品掉到鐵軌下，佳琳帶了個太小的行李袋，果然裝不下了……我的修養崩潰了！竟然在火車上訓起孩子來，越訓火氣越大，直到其他乘客回頭望我，我才驚覺自己的失態，喔！真是抱歉，我怎麼可以把自己的壓力轉嫁到孩子們的身上呢？不是說「甘願做，歡喜受」嗎？我是怎麼了？

還好！一番自省後，我的情緒平復許多。

到了嘉義車站，啟智學校的陳明聰老師和嬌小可愛的劉主任早已等候在月台上，並且安排了四位啟智學校的大哥哥大姊姊陪我們一起坐校車參觀師丈的老家「雲林縣口湖鄉蚶寮庄」。

那是一個因過度抽取地下水而導致地層下陷達一公尺多的貧窮村莊，我順勢讓大家發表「經濟發展與生態保護」的利害取捨。口頭上聽到好漢們說的都是環境比較重要，有朝一日真面臨民生問題時，大家是否還能記起「蚶寮庄」為了短暫的外銷鰻魚利益所付出的慘痛代價呢？

善合聞到一股惡臭，其他人也搧鼻去味！原來蚶寮村到處布滿蚵仔殼，孩子們瞧到一群婦人在「開蚵仔」，也興致勃勃的想試試身手！「哇！好大喔！」可不是！在宜蘭絕對沒見過這麼大、這麼新鮮的蚵仔，而且是經由自己親手剝開的，經驗好難得呀！鈺群發現一旁用線串起的蚵仔殼，外子抓緊機會，立刻上了一堂很真實的海洋生物繁殖課。

第三天晚餐，外子的姐姐招待我們吃嘉義最有名的「雞肉飯」，鈺群吃了三大碗飯，喝下了三大碗下水湯，真是大胃王！飯後回嘉義啟智學校寫當天的學習筆記。我宣布今晚要總檢這三天的所有筆記，嚇得三位男生臨時抱佛腳，最後只有善合過關，獲准去打撞球，另外兩個被我扣押在寢室補完學習筆記，並警告是否該立刻結束行程，請家長來領回？

臨睡前，我把大家召集到男生寢室講話「難怪教育局規定小學生畢業旅行最多三天兩夜，你們果然證明：第三天就亂了團體紀律」，我用激將法，問他們願意讓別人笑話嗎？如果不願意，是不是每一個人都要更積極的關心別人的狀況？尤其朝賢又丟了東西，鈺群買了不健康的零食，大家是不是該把出發前互相激勵士氣的精神找回來？想一想怎麼讓團體凝聚起來？

每次訓話，我都覺得對惠鈞、是愛、阿妮這幾位表現優異的感到抱歉！但我真心希望孩子們不只「自掃門前雪」，應該善用正義感，讓所在的團隊達到更完美的表現。不知道九條好漢們懂這道理嗎？就像我們學過的那句好話：「不要只是抱怨黑暗，更要積極創造光明」。

第四天

一覺醒來，明聰老師已為我們打點好早餐，看過嘉義啟智學校住校生早點名，我們邁向下一個旅程——臺中自然科學博物館。

這一站很難得由一位四年級的小學弟陳梁政負責導覽，他與好漢們在網路上神交已久，今天終於見到廬山真面目。因為偏遠學校補助辦法，我們每人有一張貼紙，所以「科博館任我行」輕鬆參訪！太空劇場、科學中心、立體劇場、生命教育館，我們都可以通行無阻的隨意探索，除了一個男生在館內吃零食被勸止、被限制自由外，其他都玩得很盡興。

送給梁政一件大家簽名的「兵馬俑」T恤，我們搭五點十五分的自強號北上，就要再見到上學期城鄉交流的臺北市博愛國小小客人了！

不到三小時的車程，我們到了臺北轉捷運藍線要在市政府和小客人相見，好漢們說好緊張、好興奮呦！我和外子則期待快快把他們交給接待家庭後，我們好補補睡眠。

嘿！真服了九條好漢！靠著自學功夫，竟能從捷運指示圖安然的坐到市政府捷運站，中間差點上錯反向的列車，多虧大家已經記住了那一句好話「虛心問明路，以免背道馳」。

第五天

一早，我在博愛國小見到好漢們個個精神奕奕，想必昨晚接待家庭待大家不薄！還各自大包小包提著小客人送的禮物，有點不好意思吧！

陳阿姨出現了！

公共電視的攝影小組也來了！

我突然想起出發前忘了請好漢們看公共電視的節目。這下糗了！導演的問話好漢們全答不上來，我為自己的疏忽自責不已。不過，公共電視台熱情的接待，細心的導覽，讓我們參觀了正在錄製《車站》連續劇的攝影棚、主控室、剪輯室、道具室，也讓我們盡情的發問，朝賢還扛了攝影機，感受了攝影師的負擔有多重！就像為我們安排一場電視公司深度之旅，的確不虛此行。記得七月一日晚上九點整，要觀賞公共電視台三週年特別節目，聽說裡面有五分鐘是柯林國小九條好漢的鏡頭！

接受公視午餐招待，也拿了新節目「別小看我」的T恤，精神物質滿行囊的與攝影小組叔叔、阿姨道別，沒想到在松山車站又遇到趕來送禮物的王阿姨，能得到這麼多人的關愛，我們可要牢記在心。

在松山車站等回羅東的自強號，也是這趟學習之旅的最後一程，我請大家拿出「合作學習自我檢核表」及「團體紀律好話實踐互評表」好好給自己評鑑一番，喔！我發現好漢們好誠實、好瞭解自己，旅程中縱然惹了再多的麻煩，起了再大的爭執，我都不忍再責怪他們了！

坐上自強號，好漢們央求可否玩撲克牌？

「不打擾別的乘客為標準」看他們還興致高昂，我已沒啥力氣了，閉目養神睡一覺吧！卻突然好想好想才讀小三的女兒，不知道這一個星期她過得怎麼樣，想她撒嬌的模樣，想她耍賴的表情，想她創意的表現，壓抑了五天的相思情，竟淚眼盈眶！謝謝老天賜我這麼健康、這麼自在的女兒，我才能全心投入教學。

回到羅東車站，把九條好漢一一交還給家長，再向校長報告「一切平安」後，如釋重擔！

那一刻才覺得好累好累唷！

我相信：感覺決定行為！

所以，環島結束後，我引導九條好漢從「最感」來回憶五天四夜的「走臺灣」。有「最害怕的」、「最興奮的」、「最刺激的」、「最期待的」、「最值得回憶的」、「最緊張的」、「最開心的」、「最勇敢的」、「最恐怖的」……都是孩子們「凡走過，必留下痕跡」的真實寫照，而且每一篇「最」，都有著鮮明的對話畫面！

雖然實際旅程只有五天四夜，卻是一部劃時代的教育改革經典史。

3 學生體驗心得

第一天

★許惠鈞

我最害怕的是在臺東火車站找鼎東客運的時候。

「火車學習之旅」來到臺東的時候，我心想：「哇！該怎麼辦？我還不知道鼎東客運在哪裡呢！」所以就心虛的走出車站，害怕的問題果然來了！老師問我應該怎麼走？那時我心裡又緊張又害怕，怕我把大家帶丟了，這時佳琳就說：「我陪你去問人吧！」我好感動哦！佳琳真是我的好朋友呀！如果沒有佳琳陪，我可能會緊張得哭出來呢！後來師丈就和佳琳陪我到處奔跑去找能到知本森林遊樂區的鼎東客運。臺東的天氣又熱又悶，熱得我快受不了了，但還是要去找。終於遇到一個好心人，他說從前面那家加油站左轉一直走就到了，果然師丈指給我看，這時我好高興，我好奇的問師丈：「你早就知道鼎東客運在哪裡，為什麼不跟我講呢？」師丈說：「就是要讓你們學習解決問題啊！」這個學習還真累人啊！

我們到了鼎東客運的海線，順利買到了往知本森林遊樂區的票，因為客運還要等一個小時的時間，所以在這個空檔老師就教我們數學的機率。

★游善合

最興奮的事：在知本森林遊樂區爬好漢坡。

自從知道火車學習之旅要去知本森林遊樂區爬好漢坡開始，我們三個男生都興奮不已，我也曾經在別的書籍裡聽過它的名聲，我還知道以前臺東的警察身材都過胖，所以長官都利用好漢坡訓練警員減肥呢！好漢坡如此有名，負責「知本導覽」的許惠鈞說：「我們去參觀知本森林遊樂區時，不能忘了好漢坡。」

實際行程因為時間不夠，爬到二分之一有一個十字路口，我們就得從那個路口右轉回程，所以我們只能爬一半的好漢坡。但是，我們男生馬上向老師提議，可不可以讓我們男生比賽，爬到最頂端然後再下來。老師竟然一口答應了，於是屬於我們男生的比賽開始了。規則是看誰先摸到頂端的涼亭，大家拚得你死我活，互不相讓。

雖然我說拚得「你死我活」，其實好漢坡上下也才八百階，因此，我們下來到十字路口，又再衝上去一遍，仔細加一加，哇！我們爬了一千兩百階呢！

第二天

★黃薇萍

我最緊張的是到了枋寮要找中南客運的時候。

那一天是5月1日的早上，天氣很熱，大家正期待著要去墾丁玩水，剛下火車站，老師就問我中南客運在哪兒？那時我只記得從網路上查到客運站在什麼路，走幾分鐘就可以到。實際上要怎麼走，我也不清楚，所以我就找佳琳陪我一起去找，還好，今天的我很幸運，才問了第一家，就被我問中了。他說每十分鐘來一班車，但只到墾丁而已，到鵝鑾鼻的班車要等到十點才有，所以大家就討論要坐哪一班車，最後還是選擇要坐十點的那一班直達車，我們還利用等車的一點點時間上了數學課。

唉！本來我以為只要上網查到那一些資料就夠了，沒想到實際上還有那麼多的訊息不知道，害得我還要跑來跑去。

★黃薇萍

我最勇敢的是要打手機給校長。

4月30日看是愛打電話給校長，心裡總是會毛毛的，想到明天輪到我當班長了，我就更緊張了。5月1日，老師真的叫我打手機給校長，害我嚇了一大跳。唉！真是可憐呀！我鼓起勇氣，先想好要說些什麼話，我才撥了校長的手機，喔！還好，還好沒事，可是有時候有人看著我打手機給校長，會不好意思，如：5月4日，媽媽來接那個時候，怕媽媽看著我打手機，所以我跑到廁所，打電話給校長。

第一次打電話給校長，我以為校長很兇，完全不是，校長的聲音聽起來很溫柔，所以我不怕校長了。

★張朝賢

我最害怕的是我丟掉相機的時候，這也是我最傷心的時刻。

5月2日我們到鵝鑾鼻玩時，大家都拿出相機來拍照，我也拿出爸爸心愛的相機拍照。我一直把相機掛在我的脖子上，所以我都很放心的拍照留念。要離開鵝鑾鼻時，因為喝了許多水想上廁所，我就把相機放在洗手台上，洗完手直接走出公園，根本忘了相機這回事。直到上了中南客運，我翻背包找東西時，才發現我的相機不見了，後來大家都幫忙找，但最後還是不見蹤影。

因為這台相機是我爸的，現在我把它弄丟了，真不知道他會多麼生氣；而且我已經拍了好多珍貴的鏡頭，現在相機不見了，之前所拍的照都白費了，所以我又傷心又害怕。

第三天

★游善合

最噁心的事：在蚶寮村路旁那些發臭的蚵仔。

輪值班長必須一天三次電話回報校長。

雲林口湖鄉的蚶寮庄有一個比較鄉土的名字，叫「蚶仔寮」，那既然叫蚶仔寮，所以那裡一定會生產許多的蚶仔，但是蚶仔寮沒有生產蚶仔，反而生產蚵仔，很奇怪對不對？為什麼產蚵仔卻不叫蚵仔寮呢？我也搞不懂。

蚵仔是一種非常好吃的東西呢！想必大家都吃過。就是蚵仔煎裡的蚵仔，牠寄生在貝殼身上，所以要把殼撬開才可以吃到蚵仔，人類也真是聰明，會把剩下來的殼用線串起來，放到海水裡，等到時機成熟後，把成串的蚵仔殼拿起來，就不用再四處去撿蚵仔了。

有一些蚵仔沒有挖乾淨，放在路旁，一定會發臭，那個味道，就好像貓狗的屍體發臭一樣，但不是一隻二隻的貓狗屍體而已，它一次發臭就是一大堆，就好像上百隻貓狗的屍體堆在一起，可是以「挖蚵」維生的婦女，都挖得很專心，對那臭味好像完全沒感覺。

★游善合

最慘的一件事：在嘉義啟智學校被老師罵。

五天四夜的火車學習之旅，別人一聽到的反應都是「哇！好棒哦！」「這麼好！」……。但一路上不可能一切順利，難免會出一點狀況。前兩天一切ＯＫ，宋老師還誇全班呢！但到了第三天晚上，情況就不妙了。在嘉義啟智學校，宋老師很生氣的把我們三個男生罵了一頓，老師說：「我現在終於知道為什麼教育局規定小學生只能辦三天兩夜的畢業旅行，就像你們第三天就出了一堆狀況。」聽了真是◇○⊙▷⊕□☆。

很多人一定想知道出了那些事吧！有兩個人環島票找不到、有人沒寫功課、有人瘋到半夜三點多才睡，還有人東西掉到火車鐵軌上……，很多大事，但到了第五天，老師還跟別人說：「一切都很順利，沒出什麼大事。」其實我們是故意出狀況，想增強宋老師的心臟功能，我們很用心的，不是嗎？

第四天

★賴吟吟

最害怕的一件事：火車學習之旅的環島票不見了。

5月3日早上，我們要坐「嘉義到臺中」的自強號火車去科博館，老師為了減少行李的負擔，正在整理有哪些東西能先寄回羅東，我把環島票先準備好給驗票員驗票，正要過去月台時，我發現票不見了，我沒辦法只好利用大家都有環島票混進月台，一直到上了火車，我都不敢講，深怕被留在嘉義。然後自己悄悄的，反覆在行李裡找呀找，師丈很好奇問我：「你在找什麼呀？」我愣了一下才說：「環島票不見了」，我不敢看宋老師，怕她瞪我，然後把我留在車站。後來，老師請所有同學找一下自己的行李和背包，還是沒看到，我記得是愛當時是在我旁邊，所以我去仔細的找一遍，但還是沒有，我灰心的走到我的位子，希望列車長或查票員不要那麼快來驗票，不然就死得很慘，其他人努力幫我尋找車票，我腦筋一直在回想我會放在哪裡，突然靈機一動，想到當時禮物就放在我的旁邊。我在搖搖晃晃的車廂裡，慢慢走到放禮物的地方，終於找到了。

我想我為什麼會害怕票不見了，因為票不見了，列車長會來驗票，我就會被趕下車，同時，這一次的驚魂記，讓我吃了不少苦頭，也學到了教訓，希望我不要再犯同樣的錯，每次都要把東西放回固定的位子。

★邱惠妮

我最害怕宋老師生氣時。

5月3日，早上嘉智的校車載我們到嘉義車站準備到臺中科學博物館。我們穿越地下道，到月台上等火車。宋老師這時看到我放書的行李袋太小了，從那時候起，宋老師就在我耳邊，一直說你的包包太小，讓我聽了都煩死了。上了火車，我聽惠鈞說：「臺東劉老師送給我的原住民相片，整套都掉到鐵軌下了。」我聽了以後，心裡有點氣宋老師。因為當時要不是宋老師叫我放到箱子裡，我的原住民相片也不會掉下去了。坐好位置時，吟吟這時又說她的環島票不見了。宋老師又對著我來，罵我和佳琳的行李袋太小，讓我覺得我好像是老師的出氣筒。當宋老師坐下位置時，又正好坐在我旁邊，我和佳琳就竊竊私語說，宋老師真是有夠囉唆的。對呀！我今天沒做錯事，動不動就罵我們，而且包包太小又不是什麼天大的錯，何必一直唸個不停。

可是後來我才發現，宋老師真的很關心我們，像：在途中老師會發一些點心，怕我們餓肚子。每天都會留一段時間，讓我們補充前一夜的睡眠。這些小細節都代表著，老師其實是很愛我們，很關心我們的。

★許惠鈞

我最感動的是詠翎奶奶的熱情招待。

5月3日晚上我們搭著捷運從臺北車站坐到市政府捷運站，到達時我心裡想「ㄟ～怎麼沒看到博愛國小的小主人詠翎呢？」走到出口才看到詠翎和她爸爸在那兒等我和薇萍，當時看到詠翎真是興奮啊！我們走了一段路終於到了詠翎家，詠翎的奶奶熱心的問我們在火車上吃了沒？肚子餓不餓，然後奶奶特地留了飯菜給我和薇萍吃，又給我們燉了雞湯，我覺得好溫暖、好溫馨哦！好像回到自己的家一般，詠翎的家人也把我當成家裡的一分子，哇！我好感動啊！隔天早上詠翎的媽媽還特別送我們一罐爽身粉，真細心。要離開詠翎家還真捨不得，真希望時間過慢一點啊！

我要感謝詠翎能讓我住她家，和她的家人認識，我還要感謝詠翎的爸媽，他們能空出時間到捷運站接我們，也為我準備早點和點心。詠翎的姊姊和奶奶都對我很好也很照顧我，讓我這一天非常開心快樂。

第五天

★陳是愛

我最期待的一刻是在博愛國小等陳阿姨來接我們去參觀公共電視台。

「火車學習之旅」籌備工作，一開始我認養的工作就是聯絡公共電視台的陳淑媛阿姨。還記得第一次要打電話給她，我心裡好怕啊！冷汗都冒出來了。

我不停的練習著要說的話，還請家裡的大大小小都安靜，當我聽見陳阿姨聲音時，第一個印象是陳阿姨大概是22～24歲、留著長頭髮、沒戴眼鏡、高高瘦瘦、臉白白的、和明星一樣，穿著裙子和高跟鞋，而且一直以為她是電視上的大明星，所以每次要打電話給她都好怕。5月4日早上在博愛國小終於要見她的廬山真面目，我很緊張！

在博愛國小東張西望想找她，也一直提醒自己要注意禮貌。「是愛，陳阿姨在這裡。」宋老師這樣跟我說時，我真是害怕又期待。「不要在這時跟我開玩笑好嗎？」那位跟我想像完全不同的人是陳阿姨嗎？但宋老師看起來不像開玩笑，所以我相信了。只是好驚訝，因為真正的陳阿姨矮矮胖胖的，戴著黑色邊的眼鏡，留著短髮染得紅紅的，穿涼鞋、休閒褲、T恤。一路跟著她參觀公共電視台，後來她送我們到松山火車站，我發現陳阿姨其實很開朗，對人很好，尤其對我們班上那一兩位比較不受歡迎的，她特別關照呢！

★張朝賢

我最要感謝的人是爸爸媽媽和宋老師。

2月19日，宋老師要我們回家規劃火車學習之旅的行程表，並要我們打電話問小主人可不可以到他家住，李媽媽就說歡迎歡迎，我聽了以後非常高興，之後我就跟爸爸媽媽講說，老師要幫我們辦一個「火車學習之旅」，爸爸媽媽問說這趟旅行要交多少錢，我說這一趟都要花自己的壓歲錢。

出發的前幾天，老師要我們背著背包、手提一個行李，爬樓梯十趟，為的是要訓練我們的耐力；又叫我們練習整理行李五次，為的是要我們整理行李的速度快一點，不然會耽誤到大家的時間。老師為了我們花費了很多時間和精神來幫我們完成火車學習之旅。所以我非常感謝宋老師。

我更要感謝爸爸媽媽，謝謝他們同意我去火車學習之旅，尤其老師開座談會媽媽都有出席，討論我們火車學習之旅所要注意的一些事，出發的前一天媽媽又幫我做最後的檢查，出發時媽媽又吩咐我到每一個地方都要打電話回家。

★許惠鈞

我最驚訝的是我發現張朝賢和劉鈺群在這趟火車學習之旅常常替別人服務。

在這趟的火車學習之旅，張朝賢、劉鈺群改變了好多。他們兩個人在上火車的時候，會幫女生提行李放到火車置放行李的地方，每次在火車上我們因為帶的東西很多，行李變得很重，放行李的地方又太高了，所以我們班那一兩個矮個子的女生就會舉不上去，這時張朝賢、劉鈺群就會自動熱心的幫女生，不然，要是行李滑下來，打到了別人該怎麼辦呢！還好，張朝賢每一次都接得很準，害我嚇出一身冷汗。

這一趟火車學習之旅，讓張朝賢、劉鈺群變得愛幫助別人、禮讓別人，也讓全班變得更和諧、更團結了。是愛說，以後我們可以來個「坐飛機遊世界」耶！

4 隨行家長心情

在溫暖的陽光中，帶著全校師生滿心的祝福，目送我們踏上火車學習之

出發前，在電腦教室地板訓練快速的整理行李。

旅的行程。我懷著輕鬆又愉快的心情，放下我手邊煩悶的工作，陪著孩子們共度了前兩天的時間。在這兩天當中，深深瞭解到宋老師的用心！她最大的用意就是要讓小孩子從實際行動中體會，瞭解事實的真相。這當中不是以自己的想法去解決事情而是共同集思廣益中提出更好的想法解決問題。

這一路上宋老師及王教授善用了社會資源，在火車廂內，請了一位在鐵路局上班的「列車長」叔叔，為小朋友詳述鐵軌結構、車廂設計、火車的歷史背景。並且讓小朋友提出心中的疑問，小朋友很踴躍提出了很多的問題，「列車長」叔叔也不厭其煩的回答了同學們的問題，最後，同學們每人說一句感謝的話，謝謝「列車長」叔叔。在這一問一答當中讓我覺得很有意義，也很實在。

第一站到了知本森林遊樂區，有大自然的景觀及生態，這一站全靠王教授對大自然如鳥類、植物的瞭解，一一說明不同鳥類及植物的名稱及特徵，最記得關於草藥類，王教授也都能說出治病的藥理作用，真是不簡單。

整個行程中，宋老師絕不會放棄任何一個空檔時間，無論是等車時、或在車廂內，總是會出一些必須用到思考及發揮小組團隊的力量才能完成的邏輯性問題，讓學生腦力激盪，學生玩了之後，絞盡腦汁的想，想出更多的答案，討論中老師不給答案，只是不斷接用學生的回答，繼續追問，讓學生自由的發揮想像的空間，擴大思想的領域。我在旁邊看到、聽到都覺得很有趣，也覺得這樣的教學一定能提昇學生的思考能力，對一件事物，也能從不同角度去形容、去揣測，擬定出更多不同的答案。

雖然我只是跟了短短的兩天行程，卻讓我瞭解到，實地教學的重要，而且也讓學生懂得善用資源、不害怕的問路，並且勇於與當地的校長或老師聯繫接送及住宿的問題，同學們也非常配合老師的各項指示與安全上的叮嚀，這個行程上，我看到了同學們之間的互助合作、互相提醒、互相關心、照顧，把團隊的精神發揮到最高點。當然在這背後最辛苦的還是宋老師及王教授，對於事前妥當的安排聯繫，對於行程也做了相當的規劃，並與家長充分溝通，學生們才能順利的完成五天四夜的火車學習之旅。身為家長，我非常謝謝學校為學生所付出的一切。

5 共同契約書與多元化評量

宜蘭縣冬山鄉柯林國小八十九學年度

六年級學生「火車學習之旅」親師生共同契約書

老師　　　　的話

感謝您的認同與支持！同意　貴子弟　　　　參加「火車學習之旅」，五天四夜活動期間，我願意以最深的教育愛，全程全心照顧　貴子弟，希望能得到您的放心與滿意。

帶隊教師簽名：　　　　年　　月　　日

家長　　的話

我同意　　參加「火車學習之旅」，並願意配合以下事項：

1. 在家隨機指導孩子「作客」該注意的基本禮節、並叮囑孩子需遵守團體規律及一切安全規定。
2. 遵照學校的要求，為孩子準備環保的旅遊物品。
3. 行程中，如遇孩子身體狀況不佳，願意配合老師的安排，接孩子回家自行照料；如孩子違反團體共同契約達三次以上，自願前往與團體會合，並接孩子回家自行教育。
4. 如不幸，遇有「無常」情事發生，我會以「理性」態度面對一切狀況，並配合學校處理程序。
5. 針對敝子弟個別身體、心理特殊狀況，請帶隊老師特別留意、關照下列事項：

(1)

(2)

(3)

(4)

(5)

學生家長簽名：　　年　　月　　日

學生＿＿＿＿的話

我會遵守全班一起訂定的「團體生活共同契約」，如果違反團體紀律三次，自願放棄後續行程，由家長接回家反省。

1.

2.

3.

4.

5.

學生簽名：　　　　年　　月　　日

宜蘭縣柯林國小六年級「火車學習之旅」行程表

日期	行程	住宿接待人	用餐	本日學習重點
第一天 4月30日 （星期一）	坐火車（羅東8:29到臺東12:19） 探訪知本森林遊樂區（5小時） 到曾教授、劉奶奶家過夜。	臺東師範學院 （曾教授世杰）	早：媽媽的愛心 午：池上便當 晚：站前客飯	1. 學習火車禮儀 2. 欣賞花東鐵路沿途風光 3. 享受森林浴 4. 學習「小客人」禮儀

第二天 5月1日 （星期二）	坐火車（臺東7:15到枋寮8:54） 參訪墾丁國家公園（6小時） 坐中南客運（鵝鑾鼻到高雄17:00） 到興糖國小兩位主任家過夜。	高雄興糖國小 （沈校長宜純）	早：火車早餐 午：鵝鑾鼻便當 晚：興糖奶奶愛心	1.學習火車禮儀 2.欣賞南迴鐵路沿途風光 3.認識墾丁國家公園自然生態 4.學習「小客人」禮儀
第三天 5月2日 （星期三）	坐火車 （岡山10:02到嘉義11:16） 參觀雲林縣口湖鄉（4小時） 住嘉義啟智學校。	嘉義啟智學校 （陳老師明聰）	早：興糖會長愛心 午：蚵寮村野餐 晚：大姑姑愛心	1.觀賞興糖國小「布袋戲」社團演出 2.認識口湖鄉「地層下陷」危機 3.學習和「嘉智」大朋友遊玩 4.學習日記
第四天 5月3日 （星期四）	坐火車（嘉義9:10到臺中10:17） 探訪國立自然科學博物館（6小時）	臺北博愛國小 （城鄉交流小主人家）	早：嘉智愛心 午：科博館麥當勞 晚：火車便當	1.欣賞西部鐵路沿途風光 2.瞭解「科博館」的寶貝

第四天 5月3日（星期四）	坐火車（臺中 17:16 到臺北 19:36）到臺北博愛國小小主人家過夜。			3.學習「小客人」禮儀
第五天 5月4日（星期五）	參觀公共電視台（4小時）坐火車（臺北 14:30 到羅東 16:14）回到爸媽溫暖的懷抱。	羅東 我的家庭真可愛	早：小主人愛心 午：公共電視愛心 晚：回家了！	1.認識電視台作業流程 2.欣賞北迴鐵路沿途風光 3.感恩爸媽的撫育、教養

宜蘭縣冬山鄉柯林國小六年級「火車學習之旅」

合作學習　自我檢視表

學生姓名：　　座號：

請按照自己實際狀況，在每個選項中填入1～5的數字。【1表示非常好，2表示好，3表示平平，4表示還要努力，5表示糟透了。】

觀念部分：

（　）1. 我知道每個人都不一樣，一起工作時，要能截長補短，才能完成目標。
（　）2. 我可以欣賞別人的長處，不起嫉妒之心。
（　）3. 我不譏笑別人的短處。
（　）4. 我願意用鼓勵、讚美等正面方式，激發別人的潛能，和他一起工作。
（　）5. 我願意和不同的人一起工作。
（　）6. 我能夠和不同的人一起工作。
（　）7. 我願意承擔工作，並且努力做好。
（　）8. 我有能力時，願意承擔較多的工作。

討論部分：

（　）1. 我常說積極、正向的話。
（　）2. 我能夠發自內心的稱讚別人。
（　）3. 我不使用尖酸、刻薄的話。
（　）4. 我在討論時能夠對事不對人，不做人身攻擊。
（　）5. 我不怕說出我的看法。
（　）6. 我不怕提出和他人不同的意見。
（　）7. 提意見時，我能附具理由。
（　）8. 別人提出不同意見時，我能夠不動氣。
（　）9. 我能夠因為別人有道理的意見，改變我的看法和意見。
（　）10. 我能夠好好聽人說話。
（　）11. 在討論時，我能察覺並接納自己的感覺。

（ ）12.在討論時，我能察覺並接納別人的感覺。

行動部分：

（ ）1.我總能在時效之內完成我的工作。

（ ）2.我不因個人原因，影響團體的運作。

（ ）3.遇到困難，我能夠不氣餒，並鼓勵同伴一起想出解決方法。

（ ）4.我願意嘗試各種可能方式，達成目標。

（ ）5.在循正當途徑修改規則前，我能夠遵守現有的規約。

（ ）6.我重視工作品質，不馬虎帶過。

（ ）7.我注意工作安全，不在工作場所嘻鬧，或從事任何危險行為。

第九章

「意識會談對話教學」見證實錄

宜蘭縣北成國小林國賓老師是第一位搖旗吶喊，並積極催促我要整理出這本他口中稱為「對話教學葵花寶典」的教學實錄，他對自己「當老師」的自我覺察，有一份「有為者，亦若是」的擔當，也有幾絲「行到水窮處」的無奈，讓我聽了既欣賞，卻也不捨！

我為解他對「師生真能建立對話關係嗎？」的惑，承諾重現江湖，專為他示範四場教學，也為自己找到寫這本對話教學實錄的動力。

國賓老師的觀察力是敏銳的！對我來說，已經是再自然不過的對話技巧，都被他瞧到眼裡，嘖嘖稱奇；國賓老師的反思力也是一流的！在我身上，已經融入血液的對話心法，都被他盡收腦海，誓願學習。顯然他願意當個「自己也滿意的老師」的思考引擎，被我啟動了；我也看到他的觀課分享，能夠讓更多老師「願意和學生建立起信賴的對話關係」的思考引擎，可以被他啟動！

1 學生臉上有微笑，老師教學有成效

「意識會談對話教學」雖然是一種教學方法，其實更是一種教學態度！一種願意肯定生命、願意傾聽異見、願意接納無常的教學態度！如同國賓老師發現的：一旦老師善用意識會談法在教學上，學生就會因為老師的提問而養成思考的習慣，並且學會聽自己、聽別人、聽團體的聲音，假以時日，當學生思考的引擎動起來，自然就有「自我覓食」的學習能力！

感謝國賓老師精準的點評我在酷暑中的四場對話教學演示，我聽到他說出許多老師的心聲。

前不久，學校人事室發了一則公告，恭喜明年即將教學滿二十年的教師，赫然發現我的名字也在其中。還記得才剛畢業成為實習教師的菜鳥模樣，一晃眼二十年就過去了，這二十年雖不敢說「鞠躬盡瘁，死而後已」，倒也「戰戰兢兢，如臨深淵，如履薄冰」，不求「育天下英才」，但求「不誤人子弟」，我也相信沒有一位老師想刻意去誤人子弟，二十年的教學生涯，教改一波又一波，評鑑一次又一次，研習一場又一場，到頭來又有多少人清楚且堅持自己心目中的教育理想？又有多少人找到實現理想的可行之道？

「當老師」對我而言，曾只是個維持生計的工作，簡單講，就是「為了五斗米」而不得不做的工作，在這個流浪教師滿街走的時代，講這種話好像會被人家吐口水，但是在二十年前經濟起飛的年代，老師這行業其實並不是一般人的「第一志願」，曾幾何時，風水輪流轉，景氣的低迷，加上大量培育師資的結果，教師的工作才變成一職難求的局面。有一句廣告詞說：「我是當了爸爸之後，才開始學習當爸爸的。」師範體系出身的我們在當老師之前，就開始學習當老師了，然而真正的學習卻是一輩子且無時無刻不在持續進行中的，雖然老師不是我的志業，但「當一天和尚撞一天鐘」，「當一天老師教一天書」，更何況「一日為師終生為父」，既然要當老師，沒有一位老師不想當個受學生歡迎、受家長敬重的老師，每位老師都希望教出來的學生個個品學兼優、五育並重，都期望能與學生保持亦師亦友、和樂融融的關係，但要如何才能做到呢？

於是，「當老師」對我而言，變成一個應該要做好的工作，姑且不論教育部的要求是什麼？身為一個「領納稅人錢」的老師，至少要達到教育部的最低要求，所以我努力去達成一條又一條的標準，認真去參加一場又一場的研習，試著去實踐一個又一個的教學理念……然而，並不是每一個努力都能獲得美好的成果，比方說：苦口婆心的指正學生需改進之處，學生卻只當馬耳東風，依然故我，甚至跟老師「吹鬍子瞪眼睛」；在台上講到喉嚨沙啞，學生不是面無表情就是竊竊私語，甚至「大聲吵鬧，若無旁人」！也難怪越來越多老師慢慢選擇當個「教書匠」就算了，甚至漸漸興起了「逃師」的念頭，更有些老師因此而得了「憂鬱症」呢！可是當了十幾年的老師也沒有其他工作經驗，就算想轉換工作恐怕也無能為力，而且面對20K起薪的經濟面，就算有能力也可能沒有更好的工作機會吧！

但是難道要這樣繼續「半調子」的撐到退休嗎？

俗話說得好：「當學生準備好了，老師就會出現了。」雖然不想永遠做個半調子的老師，上天安排我看見了所謂「老師中的老師」！

第一次參加自費的研習，第一次看到把學生帶到研習會場做示範教學的安排，第一次看到何謂師生之間心與心的交流，那是一場主題為「意識會談」對話教學的研習，三天的研習，不但親眼目睹對話教學的成效（相較於一般研習都只是講義上「紙上談兵」的預期成效），親自設計了四層次對話教學的提問單（一般研習只是讓你看看講師所設計的成品，至於成品怎麼做、研習結束後是否回去能實作出來就不管了），還上台實際帶領意識會談，親身感受對話教學的臨場感（一般研習大概會以「希望大家回去後能真正的落實在自己的教學」來取代吧，以至於大部分人也只是希望而從來沒有真正落實過），最讓人不可思議的竟然還有研習的「售後服務」——客廳讀書會，而客廳的女主人就是諸多優秀老師心目中的偶像——宋慧慈老師，甚至還有不少人當場立下志願希望成為另一個「宋老師」。

雖然我還沒迷戀到希望「揮刀自宮」成為另一個宋老師，但我的確非常想學會這傳說中的「葵花寶典」，因為我看見「以學生為中心」、「培養學生帶得走的能力」、「把每一個孩子帶上來」……等等人人耳熟能詳卻百聞不得一見的教育理想，活生生的就在我眼前展現，更重要的是：「這不是只有像宋老師這樣優秀的天才型人物才辦得到，我看到的新希望是：每一個有心學習的老師都能辦得到。」

這種化理想為現實的能力就來自於「意識會談」對話教學，當時的心情好比一生鑽研恐龍化石的考古學家，在侏羅紀公園親眼看見活生生的恐龍那一瞬間的感動，延續這份感動化成了我不斷學習的動力，於是這幾年不間斷的跟著宋老師學習意識會談對話教學，因為我真心想成為一位能感動自己也感動學生的好老師，「當老師」對我來說，已然變成是一份我真心想圓滿的志業。

只是雖也努力設計四層次提問，雖也盡量找機會練習對話教學，但總感覺成效不彰，有一股力不從心的挫敗感，隱約覺察到在意識會談對話教學四層次提問的「外在形式」下，應該還有一層更重要的「內在心法」。

感謝宋老師刻意栽培，為了解除我的疑惑，特別安排到北成國小針對幼兒園（大班）、國小低（二）、中（四）、高（五）年級共四個班級，示範意識會談對話教學，希望我好好體會體會這意識會談對話教學「內功心法」和「外功招式」的靈活運用。

幼兒園大班和二年級會談的題材是「巨人的花園」，故事述說巨人因想保護自己心愛的花園而築起圍牆，花園卻因此而死氣沈沈，巨人不開心小孩也不開心，後來小孩們從小洞鑽進花園而使得花園重現生機，最後巨人決定拆掉圍牆。

故事不長，但在幼兒園孩子剛從家庭進入校園和眾多同學相處的時期，能否在「勇敢大方分享而跟大家和樂融融」與「小心保護心愛物卻可能孤獨無友」中取得一個平衡點，可能是孩子能否在求學生涯與同學快樂和平相處的關鍵，如果能讓孩子早一點體悟到這一點，對孩子絕對有很好的益處，也絕對是父母希望孩子帶得走的能力之一。

但是面對「心智未開」的幼兒園大班學生，他們能瞭解並解決這「兩難情境」嗎？更何況現在要他們去談這麼「寓意深遠」的道理，他們可以談出個所以然嗎？

先讓大家看一看曉慧老師現場錄影加事後觀看影片所做的文字大綱，由您自己來「判斷、判斷」：

課程開始

【引起動機的提問】

1. 有沒有人姓宋？
2. 我想介紹一個人？
3. 想跟大家做個約定？如果你發現宋老師不說話，就是代表班上有同學說話，這時候你要用眼睛幫我找到說話的人，用友善的眼睛看他，請他安靜。

【故事敘說與提問】

4. 我想要介紹一個人，他的名字只有兩個字？

5. 叫做「巨人」，有聽過嗎？？（生：傑克與魔豆、好客巨人……）

6.〔共構花園圖像〕他有個花園，有多大？（生：比足球場……）

7. 花園裡有什麼？（生：花、草、動物、松鼠……）

8.〔澄清與核對〕巨人不好客？你好客的意思是什麼？（生：巨人的名字。）

9.〔說明自己的困擾〕我要跟你們講一件嚴重事情，現在幾點？郭良老師只給我到九點時間，如果我要一直停下來等說話的人安靜，我就沒辦法說完故事了！？（生：學生彼此在互相指正、爭執中……）

10. 巨人不喜歡他的花園裡有人，所以把像足球場一樣大的花園圍起什麼？

11. 圍牆用什麼做的？

12. 花園的花應該要？（生：開。）樹應該要？（生：高。）小鳥應該要？（生：叫。）

13. 花園裡應該可以聽到哪些聲音？

14. 猜猜動物為什麼沒有聲音？

15. 有一群小朋友，像你們一樣是幼稚園，認為像足球場一樣大的花園怎麼都沒有聲音，想跑進去。如果有人邀請您一起進入，你要不要進入？要的人舉手（生：挖個洞鑽進去冒險……）

16. 為什麼要進去？（生：很想進去看看有什麼？）為什麼不要進去？（生：把衣服弄髒

了，回家會被罵！）

17.第一個小朋友怎麼進去的？這個小朋友會有什麼心情？（生：先進去的人很可怕，但可以冒險……）

18.鑽進去後看到了？（生：巨人。）

19.猜猜看巨人跟他說什麼？（生：哈囉、你為什麼要進來？）

20.巨人問不怕弄髒衣服的小朋友：你為什麼要進來？（生：因為我想冒險。）

21.這個時候，花園忽然有了很大的改變唷！猜猜看，有什麼改變？（生：花開了、鳥叫了。）

22.巨人喜不喜歡花會開、鳥會叫？為什麼花會開，鳥會叫？（生：因為花看到小朋友進來很開心，樹和鳥也很開心，巨人也跟著開心。）

23.巨人決定做了什麼事情？（生：決定讓別人進去、把圍牆打開、開一個門。）

24.因為聽到這個小朋友的話，決定開一個門，為什麼只開一個門就好？（生：下雨才不會跑進去、太累。）

25.如果開門的話別的巨人就進不來？（生：把磚塊疊高點、門用高點就好。）

26.最重要是要開一個門或把圍牆打掉？（生：決定讓全部人進去、我們就會很開心、很多人進去，那不是會被別人破壞掉……）

27.〔針對學生提出的問題追問〕我們要怎麼解決這個問題？（生：我們跟進來的人說不行砍樹、不行破壞。）

28. 你有沒有像巨人一樣，有一個心愛的東西，很像花園但不是花園，好像一道牆把它圍起來，怕被人破壞，有一天突然發現，心愛的東西要跟人家分享才能交到好朋友？（生：漂亮的樹，分享的心情：很開心。）

29. （生：我一直欺負人家，阿嬤幫我取一個「不開心子霖」的名字，長大變不一樣。把家裡的東西帶來和同學分享。）

30. （生：子霖剛來的時候，我睡覺時，他每天都親我、說我愛你、還打我屁股。）

31. 這樣聽起來，誰會像巨人一樣沒有朋友？（生：子霖）

32. 我們可以怎麼幫助他，變成後來快樂的巨人呢？（生：全班的人喜歡他。）

（這時秩序稍亂，老師帶領「請你跟我這樣做，請你跟我這樣拍。」幫孩子收心。）

33. 還有誰要來說說怎麼跟人家分享之後，自己更快樂？（生：黃金扣子——開放讓大家玩。）

34. 最後我問一個對幼稚園來說是很困難的問題，今天宋老師為什麼來跟大家說巨人的故事？（生：會分享、快快樂樂的玩、大家都學會分享、祝我們畢業快樂。）

35. 跟人家分享才能快樂，想想自己有什麼東西可以跟人家分享？（生：電話號碼、疊疊杯、樂高。）

對於慧慈老師的對話教學，我其實已經看了好多場，對於老師現場帶領對話的精采早已「

司空見慣」，對於四層次的提問大概也「看得懂門道」，但每一次看還是不得不由衷發出讚嘆，而這一次的讚嘆來自於：面對這麼小的孩子，居然也能讓他們願意乖乖回答老師的提問、有秩序的舉手回答、安靜的聽別人發表！本來在我一進教室發現這群學生超活潑、超好動，就為慧慈老師感到有點兒擔心，再看到這群娃娃兵把老師發下去的名牌拿起來夾在頭髮上的、放進嘴裡的、甚至夾在別人身上的……我開始懷疑：「要是我來帶這場對話教學，這群我第一次看到、一個也不認識、他們也不認識我的小小孩，萬一他們不乖乖配合我，那該怎麼辦？這麼小的小孩打是不能打了，好好的說，他們會聽得懂嗎？太兇的說，他們會不會當場哭給我看？」

只見慧慈老師優雅的上台，先不急著直接講故事，反而先讓學生知道她是誰，接下來要做什麼，跟學生約定該怎麼做，等學生準備好了，才開始進入正題，這不正是「以學生為中心」的最佳寫照嗎？回想自己過去打著「教學進度要趕」的旗號，也不管學生當時的身、心狀況是否ＯＫ，反正進度趕上就好，至於學生是否準備好、是否能學會，就「聽天由命」了！當下，自己心知肚明：我又多了一項需要修練的功夫！

上完三十分鐘幼兒園的這堂對話課，慧慈老師和我邀幼兒園二位班導師討論剛剛的對話教學，二位老師對於「如何引導學生說出內心話？」方面刻意提出來就教慧慈老師。其實當我聽到這群娃娃兵竟然能用自己的話說出一些大人都未必瞭解的大道理時，也是我最受感動的時刻，我相信：任何有正確標準答案的紙筆測驗滿分成績，都比不上學生一句發自肺腑的真心話來得感動老師。至於如何引導還真是一門學問！

雖然礙於時間關係，慧慈老師只回應給兩位幼兒園老師一句關鍵詞：「提問有層次，教學有深度」，聽在我耳裡，卻佩服慧慈老師已經用十個字精準詮釋了意識會談對話教學為什麼要做四層次提問設計的原因和成效。看二位老師似乎如獲至寶，在旁邊的我倒也有一種恍然大悟的體會：「對啊！慧慈老師不是都教過，剛才她用的不也是我們學過的四層次提問，而且她用的問題好像也跟我設計的差不了多少啊！可是，為什麼她帶的效果總是特別好呢？」

會後，對於慧慈老師在對話中指出某位學生就像巨人一樣孤單時，我也在想這樣會不會讓該名學生覺得受傷呢？在什麼狀況下慧慈老師才會「指名道姓」或「含沙射影」的讓全班一同來討論班上同學的負面行為或表現呢？

慧慈老師說：「這得看師生之間的信任關係、也會看學生是否能承受得住？」我心想：「是啊，只有學生相信老師是真的願意聽真心話，且聽了真心話不但不會生氣還會認真看待時，學生才有可能慢慢放開心胸說真話；而當學生看到老師承受得起同學們的真心話，學生才有可能學習去承受同學間或老師給的真心話。所以，師生之間的信任關係，也就在這樣一次又一次的『用愛心說真話』中才得以建立起來。」

但這樣的過程絕對比「傳統講述教學＋嚴格要求常規」來得辛苦，試想一般的作法雖然也不輕鬆，但至少可以「照本宣科」，還有「ＳＯＰ標準作業流程」，如果要以尊重、平等的態度持續的跟學生對話，課前就要設計提問；課中除了提問，還得認真的聽學生的回答，帶領學生一起來聆聽，如果學生的回答有需澄清之處，又得花心思讓學生加以分析、釐清，老師的腦力負擔是非常重的……

我自己用了幾次的意識會談，就曾經升起這樣的念頭：這麼累幹什麼呢？教了十幾年的書，課本拿來，教學光碟一放，照進度來，該講的照講，該寫的照寫，多「駕輕就熟」啊！反正一樣可以拿到退休金不是嗎？如果學生的反應不佳、或秩序變得太 high，老師可能一個不小心，聲音就啞掉了，何苦來哉……

看著善用對話教學數十年如一日的慧慈老師，一時心中浮現了這樣的問題：是什麼動力讓慧慈老師堅持與學生對話，二十年如一日？又為什麼包括我在內的一般老師不能堅持下去呢？需要什麼才能讓一般老師也願意投入百分之百的熱誠在自己的教學崗位呢？

抱著一顆釐清問題、追尋答案的心，跟著慧慈老師轉到四年九班「兩個和尚」的對話教學，這是本學期國語課本第三課的內容，是第一次月考的範圍。這班學生上一節才剛考完第二次月考的所有科目，班上的座位已排成標準的會談ㄇ字型座位，班導師是慧慈老師在宜蘭傳授意識會談對話教學的高徒，也是我心目中的「大師兄」茂琳老師，平時就常跟孩子進行對話教學，我猜想：是不是為了讓學生重視這次慧慈老師的帶領，茂琳老師故意跟學生說這是一堂「聽說測驗」課；我也猜想：茂琳老師應該也有藉觀摩慧慈老師這一堂示範教學，來檢視自己這兩年來經營對話教學成效的期許吧！

慧慈老師一上台就注意到黑板上「聽說測驗」四個字，立刻指著黑板上這四個字開始和學生展開對話，慢慢的導引學生將這堂課視為聽說「遊戲」而不是「測驗」。就只是幾秒鐘的對話過程中，我發現學生已經從一開始的「嚴陣以待」，慢慢的「展露輕鬆的笑容」，這應該就是「快樂學習」的徵兆吧？反思自己有時為了讓學生好好聽課，規定學生一定得舉手獲准後才能開口發言，而且要求坐姿要端正、甚至雙手還得擺後面……表面上看起來好像學生很認真的樣子，其實仔細一看大多的學生是一副「身在教室中不得不坐正」的無奈，臉上的表情別說是享受了，還活像是被關在籠中自由不得的小鳥。

原來「學生臉上有微笑，老師教學才有成效」！難怪補教名師個個都是講笑話的高手，都懂得先講講笑話再進入枯燥無味的課文。我發現慧慈老師並不是刻意講笑話求「一時的笑果」，而是很自然的用她的幽默、真誠，營造出一種讓學生願意信任、且能夠放鬆的學習環境，讓整個對話過程充滿了樂趣，而學習專家不也都認同：人在快樂的情緒下學習成效是最佳的？看慧慈老師的教學應該就是這句話的「鐵證如山」了吧！這堂課就在這樣「有笑又有效」的氣氛中度過。

還有一件讓我感到好奇的有趣事兒是當慧慈老師因為現場對話時間有限，希望茂琳老師能讓學生寫一篇：「班上哪個同學有富和尚的特質，你想跟他學什麼」的回家作業時，竟然有一位同學當場就哭了起來，為了什麼原因我不清楚，只是覺得這孩子也未免太情緒化了吧？但是，讓我感動的是慧慈老師立刻過去跟那位學生進行一對一的談話，我將攝影鏡頭拉成特寫，畫面中清楚看到慧慈老師認真專注的詢問那位學生為了什麼哭？當時已經下課，周遭的聲音有點吵雜，攝影機和他們又有點距離，所以我聽不見慧慈老師和學生的對話內容，但從視窗中看到的畫面，讓我超感動。感動來自於：這只是慧慈老師第一次接觸的學生，未來也可能不會再遇到這位學生了，可是慧慈老師卻像對待自己親生孩子的態度在關心這個初次見面的學生。依我多年側面觀察的判斷：這是慧慈老師個性中那一份對學生自然而然流露出關懷之心的特質。我揣摩著：難道就是這份對眾生一視同仁、悲天憫人的心，支持著慧慈老師源源不絕的教育動力？而這悲憫心會不會也是每一位老師都可以去擁有的心呢？

我想起慧慈老師說過：「因為在乎每一位生命都被看見，因為在乎每一個孩子都因為被看見而看見自己生命的價值，所以教學方法千萬種，而她獨獨鍾愛這『意識會談』對話教學！」這教學法可以是「把每一個孩子帶上來」的最佳保證嗎？但如若少了這份悲心，恐怕再多的策略、再好的教學方法、再清楚的規準……也不可能成功的讓學生一個都不少吧？

感謝這個學生突如其來的「一哭」，讓我意外的收集到一顆格外明亮的珍珠，可以在我後半階段的教學生涯中繼續照亮我的教學之路。

第三堂是二年五班的對話教學，主題一樣是「巨人的花園」，同樣的主題慧慈老師在這班，特意讓學生融入故事充當其中的角色，讓一位學生代表鑽進花園的孩子，讓其他學生想想巨人會對他說什麼話？或做什麼事？而學生掌握的語彙量也比幼兒園學生多許多，慧慈老師就讓學生用自己的詞語去猜想、去串連故事的情節，我覺得這就是一種很「經濟有效」的詞語教學，讓學生在「相應的情境脈絡」下學習怎麼適切的應用詞語。

班導師在課後和我們討論時也表示：「平常無法用那麼多時間去做這麼深入的『課文深究』教學，因為還有其他生字、新詞、造句的練習要上。」其實這也是一般老師共同的難題：教學時數有限，上了這個就沒時間上別的，偏偏考試又不考討論發表；如果花時間在師生對話上，萬一考得比別班差，家長就會錯怪是老師教學不利造成的，那該怎麼辦？所以，就只好照著「世俗標準」跟著大家做一樣的事，家長也就沒辦法將考試成績的不理想，怪罪到「

老師愛作怪、標新立異」做「負向創新教學」而造成的。

慧慈老師回應班導師時說她不會刻意去上生字、新詞、造句的教學，反而會在輕鬆自然的對話中融入這些教學項目，所以她完全不會覺得進度是一個困難，這部分我雖能理解，但是由於沒有實作過，心中雖是「心生嚮往」，卻也還不知「從何下手」！

隔天進行了慧慈老師為我示範的第四堂「意識會談用在國語教學上」的觀摩，對話內容是五年四班的「閃亮的山谷」對話教學。

慧慈老師好像聽到我的心聲，這堂課她刻意用班導勝祥老師上課圈過的詞語來串連，並讓學生回憶整個課文的大意，讓學生自己來解釋新詞的意義，並引導學生「在日常生活的什麼情境下」我們會用到這個詞，再從學生的回應中去釐清學生的迷思概念或詞義之間的微小差異。我發現這樣的引導能讓學生真正去思考詞語的精準意義，而且因為跟自己的生活經驗有關聯，學生一定會記得更牢，造句也一定可以造得更合情合理。

我印象很深刻的是「一閃即逝」這個詞，學生提出流星就很恰當，而有人說電燈，好像就有點怪怪的，慧慈老師會用學生的答案來討論，因為是學生自己想過又加以討論的，就容易瞭解「一閃即逝」有一下子就不見的意思，而電燈好像還會在，所以會有點奇怪；但我心想學生可能是想到「電燈泡壞掉的那一瞬間，開關剛一打開，燈光閃了一下隨即就不見了，所以『燈光一閃即逝』就合理一些些，對實體的電燈，說它一閃即逝可能就有點不那麼順。」

我很興奮於能看到這麼「有效率又有效果」的將新詞融入在對話教學中的國語科上課方式，因為前一天觀摩後，我還有一點懷疑慧慈老師是不是在「吹捧自己」，此時看到現場學生的回應，我相信這樣的教學的確比「老師一一解釋，學生一一沈睡」、或學生上台當小老師教新詞講得「二二六六」，台下其他學生聽得「一知半解」的教學成效好太多了。

更高興的是班導勝祥老師在觀課後表示：下學期他就會試著用慧慈老師示範的方法來上國語課，因為他也厭倦了一成不變的上課模式，希望「對話」能為自己的教學注入一點活水！這節課我們也邀請了「康軒」、「翰林」兩大教科書出版商的專員一起來觀課，他們也都對慧慈老師的提問式對話教學讚譽有佳，廠商表示配合教育部的閱讀理解策略，各個書商也有出閱讀理解專用的手冊，但慧慈老師的教學讓他們有一種「渾然天成」的流暢感。慧慈老師和我討論教育部「閱讀理解的四層次」和「意識會談的四層次」有何不同？我看到教育部推動閱讀理解的教學重點，還是集中在文本的理解及策略的教導，可能跟閱讀測驗需要有標準答案有關，所以在意識會談特有的價值，如「引發讀者自身獨特的感受與詮釋」、「分享與自己生命經驗的連結」和「因對生命價值的體悟而對自己的未來產生積極的行動力」較少著墨；而意識會談對話教學是基於對每一個生命的尊重態度，帶領者以一顆悲憫的心，秉持激勵、關懷、扶持的精神，善用四層次提問，營造出和諧共同體的教學法。

這兩天的觀課，讓我學習到：只要老師相信「提問有層次，教學就有深度」，再經由不斷的對話練習，必能達成自己的教育理想，看到學生臉上有微笑，老師的教學當然有成效。

感謝慧慈老師在炎炎夏日提供我們這群想把「意識會談對話教學」學得更道地的徒子們可以近距離觀察「絕世武功」的機會，但，這麼好的教學方法千萬不要「絕世」，而要讓它變成「普世」才好，希望這武功能傳承到每一位有心於讓自己教學更有深度的老師身上。我深信：只要老師能學到「意識會談」的對話精髓，就不愁「教改」改不成！

回顧這一路學習對話教學的歷程，從一開始知道對話教學是什麼的 know what，到急著想學會如何進行對話教學的 know how，到此刻的約略領悟了為什麼要進行對話教學的 know why，我的心中浮起這麼一句話：「別人不會因為你做了什麼事而感動；但別人會因為你為什麼要去做某件事而感動！」感動別人之前先得感動自己，教育是一個心與心的傳遞過程，是在不斷失敗、挫折中堅持理想的事業，雖然堅持實現理想的過程從來就不是輕鬆的，但我相信會很值得！印度聖雄甘地也說過：「在這個世界上，你必須成為你希望看到的改變。」願與所有發心學習意識會談對話教學的伙伴們一起大聲說：「對話教學，由我開始！」

2 吸引孩子的注意力，刺激孩子的想像力

同樣服務於宜蘭縣北成國小的盧曉慧老師，和林國賓老師是我在宜蘭縣推動「意識會談」對話教學的夫妻檔同修，曉慧老師因為身為資優班導師，對「是否能與學生建立友善對話關係的溝通輔導策略」更在意，所以，當她知道我要為她的另一半示範四場對話教學時，特別提議到他們就讀五年級的女兒班上進行一場國語科對話教學，一來可以學習適用於資優班教學的提問技巧，二來也可以從女兒口中探聽「這種對話」會不會影響班級經營？

曉慧老師分享了她的觀課心得：

當聽到外子說：「明天慧慈老師要來做對話教學觀摩，你要不要來聽聽？」正值忙碌的期末，我心想：這陣子從臉書上知道慧慈老師家裡事情很多也很忙，她為了把十幾年來練就的精髓出書分享出來，特意撥空來學校找不同年級上課，我真是賺到了可以就近觀察慧慈老師如何在與學生的互動中，透過對話的方式，使師生間能更進一步的搭起友善的溝通橋樑；而且外子經過慧慈老師這幾年的「真傳提點」後，不管是個人或教學上都有很大的精進，我當然要排除萬難的把握這次的觀課機會。

當觀摩完慧慈老師在女兒班上的一堂對話教學課後，在回家的路上，外子詢問女兒：「妳喜歡今天慧慈老師的上課感覺嗎？」

女兒說：「還好啦～」

外子接著問：「今天上慧慈老師那一節課，班上同學的上課表現怎樣？」

女兒說：「和我們老師上課一樣呀！愛講話的還是愛講話，不會講的一樣不會講。」

這段父女對話緩解了我對「這樣的教學可能會讓高年級學生不願意發表」的憂慮，至少我可以比較寬心於這樣的對話教學對於班上的學習並不會有「負向」的影響！

身為資優班的老師，我喜歡和孩子對話而不提供答案，以增加孩子的想像空間，並且藉此和孩子建立信任關係。

我曾經在班上帶領過「盲人的花園」和「落入坑洞的獵人」的故事討論。當時就有家長於課程結束時，跟我反應：「很喜歡老師您這樣的上課方式，用故事和寶貝們討論生活中的問題。」和孩子接觸過程中，我發現資優的孩子因為自己表現優秀的關係，自我觀念比較強，常看不到別人的存在，所以我很喜歡跟孩子在這種有故事為媒介，沒壓力的狀況下談談曾在自己身上發生的事情，這個「意識會談法」正給了我一道善巧之門！

但，把這個會談法融入正規課程的國語課，還真是教我驚艷！

我欣賞慧慈老師在我女兒的五年級班上從課本題目開始提問，然後一步步追問，直到逼近課文主旨，接著，慧慈老師抓取班導師圈出的課文語詞，展開課文新詞介紹，例如：「課本在講什麼事情時，會用到這個詞？」再延伸到生活應用與觀念澄清「一閃即逝」（生：很快就消失），「日常生活中，發生什麼事情，也會讓你用『一閃即逝』來描述？」（生：流星、燈泡；但是有學生抗議「燈泡」不適用）「為什麼燈泡不能用『一閃即逝』這個詞兒？」

慧慈老師就這樣帶著我女兒班上的孩子們一個語詞一個語詞的探究適用的時機，最後還出了一項功課：請級任老師讓同學練習把這些語詞，掰成一篇文章。我懂了！當孩子能流暢的把詞語組合成一篇文章，那他應該就已經理解詞意，根本不需要去背詞典裡的解釋。

這是我第一次見識到把對話教學應用到國語課的詞語教學，而且把它教得這麼生活化，讓我十分訝異！如果在原班級已經上過這樣課文內容的引導後，學生來到資優班時，我可以再做其他相關議題的延伸與經驗統整，例如：對於螢火蟲有興趣的學生可以做螢火蟲專題；對油桐花議題感興趣者也可以進行深入研究或讓學生著手規劃一趟油桐花探索之旅……因為資優教育的加深加廣不正是如此！

從我接觸意識會談開始，還不曾看過在幼稚園進行的示範教學，我心中其實有個疑問：「到底這樣的對話，可以從幾歲開始呢？」所以對於慧慈老師這樣的嘗試，我充滿期待：不知道這樣一場對話會激盪出五六歲孩子什麼樣的學習火花呢！

好期待！

那是我第一次觀看慧慈老師和一群五六歲的小小孩初次「玩」意識會談。

幼稚園郭良老師為了讓慧慈老師叫得出幼兒的名字，特意把學生剛入學時製作掛在胸前的名牌交還給這些小寶貝，我真擔心這些舊名牌會成為這節課孩子們把玩許久的小玩意兒，那麼就會讓課堂的變數又增加許多。但慧慈老師以熟練的技巧，與孩子做個小約定，不選擇「先說完整的故事再對話」，反而是以一邊說，一邊澄清觀念與討論的交錯方式，而能收放自如並吸引住孩子們的注意力，著實讓我佩服！

在說故事（第一層次與第二層次交替使用）的過程中，宋老師運用提問的方式，來刺激孩子的想像力，譬如：「巨人有個花園，大家猜有多大？」「花園裡有什麼？」等，邀約孩子一起發揮想像空間，就可以流暢的參與對話；也邀請孩子進入故事裡，例如：「有一群小朋友，像你們一樣是幼稚園喔！你們想想，像足球場一樣大的花園怎麼會都沒有聲音？誰想跑進去？如果有人邀請您一起進入，你要不要進入？」「真的有人進去了！猜猜看，巨人跟他說什麼？」等，讓孩子融入故事的角色並想像可能的狀況，整個對話下來發現孩子會參與討論，願意發表自己的想法，讓對話的意識流能順利導入分享快樂的主軸（第三層次），如：「你有沒有像巨人一樣，有一個心愛的東西，很像巨人的花園那樣，被一道牆把它圍起來，怕被人破壞。有一天突然發現，心愛的東西要跟人家分享才能交到好朋友？」接著進入未來的行動策略（第四層次）。

慧慈老師對孩子每一個發言都全然的接納，而這樣的氣氛也讓孩子更主動分享，有些孩子一時無法精確表達自己所想的內容，慧慈老師會在聆聽後，用更精準的詞語與孩子核對，讓孩子能有被理解的喜悅感覺而願意繼續參與分享。

這一節在幼稚園的觀課，讓我很訝異：即使小小年紀的幼兒，只要老師「提問有層次」，教學真的會有深度呢！

同樣以「巨人的花園」為討論題材，另一堂觀課對象轉換成國小二年級的學生，慧慈老師的對話策略仍是使用「記憶」與「覺受」兩層次交替使用，逐句探詢孩子的想像力，也同樣是「澄清觀念」與「團體討論」的交錯方式進行，最大不同的是，針對要鑽進花園的那個小孩子，邀約全班同學一起票選出均冠為第一個代表鑽進花園的領頭羊，並由全班一起猜猜均冠可能看到的景象與對話，此時我發現學生的眼神變專注，提起了想「一起進去探險」的鬥志。我喜歡這種邀約聽者參與的作法，可以吸引學生聚焦到老師的提問上。

我最欣賞的是在最後慧慈老師利用學生的回答與回應（如下節錄部分內容），慢慢引導學生創造的行動策略，這裡讓我學習到有層次的提問，能慢慢引導出參與者自我照見的結果，並試著找出下一個行動的方向。

「巨人的牆是用泥巴、石頭……做的牆，巨人因為拆掉圍牆，就可以享受跟人家分享的喜悅，那剛剛分享的同學們做了什麼事情，所以也可以享受到跟人家分享的喜悅，他們也有築一個圍牆嗎？（生：霸佔的牆……）」

「你有沒有發現自己身上有什麼牆，也許也是霸佔的牆，或還有其他的牆把你限制住，讓你不快樂，誰要勇敢的說說看不能讓你和別人分享的牆？（生：陷阱牆、小氣的牆、貪心的牆、傷心的牆……）曾經在自己身上有看到這些牆的舉手。」

「巨人用什麼工具拆掉高高的牆？（生：工具、斧頭、手……）我們用什麼方式來打掉霸佔的牆、陷阱的牆……（生：要跟別人的分享、直接邀請他進來、說鼓勵的話……）」

「升上三年級之前，你有發現自己有什麼牆，把自己隔著呢？（生：害怕牆、害羞……）要打掉心裡的那個牆，最重要的是什麼？（生：工具、歡笑……）誰可以有拆牆的決定權？最重要的是什麼因素？（生：自己、勇氣……）」

這些孩子即將升上三年級，慧慈老師引導他們看見自己心中的牆並勇敢的說出來，透過全班腦力激盪的方式，共同找尋適合的工具，這也提供有這些心牆的寶貝們一些解決的辦法。

北成國小每個班級人數大約25人左右，要帶領這麼多人的對話討論並不容易，在這場討論過程中，當然也發現有一些學生並沒有參與討論，但是我相信這些孩子是有聽到討論的內容，尤其是到最後打除心牆的策略，相信他們也接收到這些好主意！

討論到最後，慧慈老師都會問參與討論的孩子喜不喜歡這樣的上課？喜歡的舉手。大部分的孩子都舉手表示喜歡。為什麼？（生：可以讓我們動腦筋、問問題……）不管有參與或沒參與討論的孩子，從孩子的表情與反應上，我看到大部分孩子是專注於與慧慈老師的對話，孩子們也因為有對話，開啟了另一扇思考的窗。

四場對話教學示範，讓我最感驚艷的是獲得慧慈老師再三肯定的同修——茂琳老師班上的「兩個和尚」課文複習會談教學。

這一個班級是已經讓茂琳老師帶領了兩年的四年級學生，在我準備入班錄影時，看到全班座位已經排成適合對話的ㄇ字型，這節課又剛剛好是在學校期末評量結束後的下一節課來進行對話教學，我心裡有一個聲音：似乎有點不太容易！因為孩子才剛有「終於解脫」的快感，是最放鬆的時刻，偏偏班級導師跟班上同學說：「這是一堂聽說測驗的課。」以為這麼一說能讓這群想放鬆的小毛頭能皮繃緊一點。

沒想到慧慈老師一進教室，瞭解到這一點，馬上跟孩子澄清：這節課不是聽說「測驗」，而是聽說「遊戲」。這樣一說明之後，我馬上觀察到孩子們臉上緊繃的神經頓時輕鬆許多，並且展露出詭譎的笑容。老師們習慣用「考試」、「測驗」或「評量」來約束孩子，但再仔細想想，如果我們想和人建立起信任關係的話，這樣的氛圍好像只會讓孩子與我們關係更疏離，而沒有信任的基礎，如何展開真誠的對話呢？

慧慈老師應班導要求，這堂對話教學要討論的是國語課文中的「兩個和尚」，因為孩子已經有學習過的經驗，所以慧慈老師帶領對話時從第二層次入手，而且顛覆傳統對文本中「富和尚」的觀感，由「富和尚有什麼特徵？或特性？他是怎樣的一個人？」開始，運用提出問題「有沒有人對富和尚有不同的見解呢？他也許不是偷懶的人。」來引發孩子不同角度的思考。這一段是我很喜歡的段落，因為可以啟動孩子不同思考的引擎，但要做到這一點並不容易，而老師必須對文本十分熟稔，不然是沒辦法在現場展現出這樣的功力。

課堂討論過程中發現學生被課文插圖綁架得十分嚴重：富和尚就是肥胖、好吃懶做；而窮和尚就是瘦瘦的，努力不懈怠的形象。但，學生經過慧慈老師「有層次」安排的對話後，我發現學生發表的內容，不再侷限看富和尚的缺點，而是積極發掘他的優點，例如：「有沒有人對富和尚有不同的見解呢？」（生：富和尚是心思細膩的人，要去取經就要準備很周全……）並願意學習他的長處，例如：「生：要去比賽，像富和尚一樣細膩，檢查每天的訓練，像窮和尚努力做教練所說……」。

這次觀課後，讓我不由得擔心起大多數學生都是使用這樣「制式」的教科書來學習，如果沒有經過慧慈老師有層次提問的討論與澄清，會不會造成學生以後的刻版印象呢？

每次國際閱讀評比結果的公告後，常常會引起國內學者及學校檢討國語文教育，最近學校很夯的話題就是「閱讀理解」，強調學生對文本的解讀及閱讀理解策略的運用，但僅止於與文本連結的理解，相較於慧慈老師的對話教學，我喜歡這種對話教學第三層次的「回扣到自己的親身經驗」，以及第四層次的「個人體悟後的未來行動策略」，而在這場「兩個和尚」的行動策略的提問是「你有沒有發現我們班哪個同學有富和尚的特質，你想向他學什麼？相對的，你有沒有發現我們班哪個同學有窮和尚的特質，你想向他學什麼？」老實說，我很期待看到這些孩子的發現，我想當老師的教學樂趣就是「有機會看到孩子因為我的教學而轉變的觀念或行動」，而這樣的樂趣是推動我繼續維持教學熱情的來源。

3 喚醒內心的感動

在成人教育上，只要「提問有層次」，一樣可以享受到「教學有深度」的成就感！

我在花蓮有一場對補校的成年人所做的「意識會談」對話教學觀摩。課後有觀課的老師從自己被觸動的那顆心，寫下她對「意識會談」法的讚嘆！

花蓮縣宜昌國小李淑靜老師：

今年度花蓮的特教教師策略聯盟方案主題是「激勵、扶持、關懷——為親師合作開一扇窗」。因緣際會下，慧慈老師特地以意識會談的四層次提問方式，為大家示範了一場對象是「大人」的對話教學，特別的是，這是一群由本國籍、越南籍、印尼籍、菲律賓籍組成的大人，一共8位學生，也幾乎都是已婚、有孩子的媽媽們，她們是宜昌國小附設補校的「大學生」，以她們為本次對話教學的示範對象，透過「有效溝通」的傾聽與回應，讓我著實學習到如何搭建親師合作良善關係的實務。

這堂課的一開始，慧慈老師與大家互不認識，於是先來段各自的自我介紹「破冰」，有創意的是，每個人在介紹名字時，要加上形容自己是怎樣一個人的形容詞，例如「我是很親切的淑靜」。過程中，大家以靦腆口吻說出形容自己的詞彙及名字，有人覺得自己是「親切的」、「愛漂亮又害羞的」、「愛睡覺的」……，有人覺得自己是「活潑的」、「樂觀的」、「很有力氣的」……，我想這是段「很有意思的」自我介紹，因為它不但可以「破冰」，還能讓每個人更認識自己。

互相認識後，在正式上課前，慧慈老師帶了一段「引起動機」的對話，她循序漸進的問了大家幾個問題「知道有哪些運動？」「運動項目有分田賽及徑賽，你以前參加過什麼樣的運動項目？」「運動或跑步比賽，到達終點時最害怕什麼？」「生活中有哪些事情是跟運動比賽很類似？」接著開始播放一段一分多鐘的影片作為今日課堂討論的媒材。

影片中是有關一位短跑好手 Derek 在比賽四百公尺賽跑時發生的意外事件。原本被看好可以獲得冠軍的他，途中因大腿肌肉拉傷而停下腳步，難以再往前奔跑。不願意放棄的他，在休息一會兒後馬上站起來，以一跛一跛的姿態，繼續在跑道上往終點前進，在看台上的父親看到他這麼做時，立刻衝入跑道中，要他不要再跑了，但是 Derek 仍然堅持不放棄，於是父親陪著他一步步跳、走向終點，此時場中所有觀賽的觀眾全都站起來，並響起如雷的掌聲。

看完影片後，慧慈老師帶著大家討論此部影片。而我從這堂一個半小時的課堂中不但學習了，也領悟了！

我看到慧慈老師以四層次提問，逐步的引領大家探討有關「孩子挫折時，父母親怎麼給予支持」的主題（這是我個人感覺到的主題方向）；我聽到這些大人踴躍的回答，我看到、聽到上課的大家認真的模樣、上課氣氛融洽、歡樂、每個人深度的答覆，還有在場觀摩策略聯盟夥伴們的專注。提問的問題包含了四層次，實質上卻是含括了每個參與者的生命於其中。

慧慈老師的四層次提問問題，我簡單做了記錄如下：

【記憶性問題】
影片中主角是誰？
除了主角外還有哪些人？
主角在幾百公尺時肌肉拉傷了？
父親做了什麼事？
觀眾在做什麼？
【覺受性問題】
看完了影片，心情的感受如何？為什麼？
如果我們將影片加入對話，你想，影片中的人會說些什麼話？
【詮釋性問題】
你想主角失敗了嗎？為什麼？
影片中的「跌倒」就像是人生裡的「挫折」，在生活中遇到什麼事也是一種人生挫折？
【創造性問題】
如果你們的孩子遇到剛才大家討論的挫折，你做了什麼？或者你會怎麼做？

慧慈老師每問完一個問題，每一個人都很認真的在思考著，雖然外籍學生們說的中文不怎麼標準，也鬧出了不少笑話，但是我可以感受到大家都十分真心、用心的在回答著，尤其是第三層次及第四層次的提問，每個人分享到自己對孩子的支持時，自己內心的感動再次被喚醒，而慧慈老師的專注傾聽、溫暖回應及適時的給予正向肯定的支持態度，再次激勵了這些分享者、媽媽們堅強的生命，也讓分享的媽媽們落下感動的淚水。

其實這群「大學生」是我教的夜補校學生，平時因為我教授的科目是數學，數學課裡鮮少有像這樣的對話教學，因此當每個人提及自己曾經對孩子所做過的支持與鼓勵行動時，我真的好感動，同時也感受到偉大的母愛——有的媽媽不善表達，但在孩子生病時，焦急的送孩子至醫院就診，又不忍才四歲多的小孩要挨一針，只能抱著、撫慰著，以行動呵護著孩子；有的媽媽苦口婆心，長時間陪伴著找不到工作的孩子，勸孩子忍耐工作上的辛苦；有的媽媽以自己生命遇到的辛苦及怎麼堅強走過來的例子，鼓勵著自己的孩子，為的就是希望孩子也能堅強的為生命找到出口。每個媽媽的愛都在討論中顯露無遺。

慧慈老師這次的對話教學中，讓我學習最多的是，慧慈老師一貫的傾聽、接納、回應與支持的態度，是讓大家能踴躍發表、勇敢說出的一股動力。

果然在最後的時間裡，慧慈老師請大家說說今晚上課的感受，每個人都說出上這樣的課很有意義，能夠啟發她們許多想法，讓她們內心有許多感觸。慧慈老師同時也注意到一位在課堂中少發言的學生，雖然她在討論過程中並未說太多，卻都有在吸收，因為最後她的回應是「我學習到很多，讓我自己生活中的許多煩惱的事有解了」。其實這位學生因為沒有孩子，所以在課堂上的發言自然少了些，事後我打電話給她，因為我知道最近的她正在煩惱著與老公感情不睦的事，她跟我提到，感謝慧慈老師的課，讓她有力量再生活下去，跟老公的事似乎也有了解決的方向了。

這是一堂生命教育的課，這是一堂激勵人心的課，這是一堂讓外籍配偶能懂也感動的課。

在這堂課裡，我很幸福可以親眼目睹及學習慧慈老師以意識會談四層次對話進行教學，很幸福可以聽到這麼多人的生命故事，整理自己的心情，學習生命的堅持。真正印證了「提問有層次，教學有深度」的道理！我領悟到了教學的藝術——傾聽、接納、陪伴與支持的態度，進而激勵人心，讓每個學生在黑暗中的生命都能看見背後的陽光！

4 請君為我傾耳聽

「請君為我傾耳聽」是出自一位非教育界的社會人士張淑滿大德所寫的研習心得。她因慕「意識會談」之名，為了與周遭關係的「有效溝通」，從臺北專程來宜蘭參加教師研習。

當我收到她參加完在宜蘭市佛光山蘭陽別院舉行的三天「有效提問策略運用」對話教學研討會的研習心得，心中滿是歡喜！尤其文中所提：「『將進酒　杯莫停　請君為我傾耳聽。』古人邀約朋友欲說真心話前，尚須藉酒壯膽；然而在激勵協進會的研習班裡，我們不須藉酒壯膽、甚至藉酒裝瘋，一切的答案，沒有對錯、沒有好壞，我們是被接納的、被肯定的、被包容的、被珍愛的，因為這就是我，這是我的遭遇、我的對應、我個人獨特的生命經驗。」這段精采敘述，讓我回想起恩師陳怡安教授（就是引領我走入「對話教學」的大師），二十多年前就曾說過：「未來最夯的一個行業將是『賣耳朵』！」因而鼓勵我們這群門生要學好「傾聽與回應」的深功夫。

「每個意見都希望被聽到；每個生命都需要被肯定！」是這次「有效提問策略運用」研討會的核心價值，難得第一次參與對話教學研討的淑滿大德，用心的記下三天研討會的進行主軸，也是一篇「意識會談」對話教學的見證實錄，值得分享給期待建立和諧師生關係的老師們！

這是一個激勵與愛的團體所辦的研習，催生靈魂人物為「史上最強小學老師」慧慈老師和她的團隊。團隊夥伴包含大學教授、退休老師、企業和廣播界菁英、在職人員，及一群愛好學習、熱中教育提昇的社會人士。

慧慈老師是一位退休老師，投注畢生心血於小學教育，特別是對於有身心障礙的特殊教育，讓她傾全力於退休日子，依然披星戴月的舉辦各項研討會，並經營客廳讀書會，無非希望提攜後進，讓更多有心人士一起為教育、為有效溝通、為社會國家的進步而共同努力。

這一次的研習題目名為「有效提問的策略運用」研習，地點在佛光山蘭陽別院，一共三天兩夜。超過60位的參加人員，來自四面八方，其中有現職國中小教師、生命花園讀書會、心寧靜教師團、人間佛教讀書會、靈鷲山護法會以及「朋友的朋友」。

蘭陽別院住持永光法師是一位超級幽默、超級溫暖的法師，在第一天的相見歡時，便很慈悲的為我們詳細介紹各樓層各項功能及使用狀況。三天研習裡，每天更換幾十道不同菜色，據一位佛光會師姐、亦是本次參加的學員說，蘭陽別院平日無論職工、義工或法師們，皆是標準六菜一湯，本來大夥兒不敢太叨擾大寮的如華法師，於是希望比照辦理，永光法師的回答是：他們（指參加研習人員）平日即用腦過度，所以這三天「要特別補一補」。住持永光法師的一席話，像是來自「臺北市後花園」的一股暖流，硬是擊敗今年冬天一直以來的陰雨和寒冷。

在研習會裡，逢甲大學許芳榮教授，充分說明的「校長兼撞鐘」一點不假，於是只見許校長除了每次上下課的串聯和訊息布達外，非常盡責的在每節上下課，皆以「打磬聲」作為告知，校長不愧為校長，每次的上課鐘聲如雷貫耳。

所謂「有效提問」「意識會談」是以四層次提問方式的問題設計，循序漸進來達到有效的溝通，四層次提問的目的，分別是：

第一層次：讓參與人員熟悉素材；

第二層次：激發聯想、引發情感；

第三層次：喚起經驗，分享個人意識；

第四層次：引發自我反思，並產生行動力。

「意識會談」的問題設計，對第一次參加研討會的我，是陌生的！然而經由慧慈老師和一群宜蘭縣力行國小的混齡班小朋友之間精采的對話教學示範，我稍稍瞭解；慧慈老師說一則有關「小男孩與海鷗」的故事：

有一個很可愛的小男孩，他跟爸爸媽媽住在海邊，海邊有很多很多的海鷗，男孩每天無憂無慮的跟這些海鷗玩，他跑到哪裡，海鷗就跟到哪裡，這些海鷗還會飛到他身上，有時候在他的頭上，有時候在他的手上，好像彼此之間沒有什麼距離，當他坐下時，海灘上的海鷗也會在他的旁邊圍繞，就像在跟他聊天。

男孩回到家會跟爸爸說：今天又跟這些海鷗講了什麼故事，玩了什麼新的遊戲。說得很得意！爸爸因為生活壓力，想到：「嗯，這個孩子能夠跟海鷗玩得這麼開心，表示這些海鷗對他一定是沒有防備的。」

有一天，男孩要出門前，爸爸跟他說：「你今天去海邊玩的時候，抓幾隻海鷗回來，讓爸爸帶去市場賣，我們的生活就會好過一點。」男孩聽了，心裡面其實是不願意的，可是又不知道該怎麼違背父親的要求，就帶著忐忑的心情出門。

男孩雖然還是到了海邊，但是很奇怪，居然所有的海鷗都不願意飛到他的身邊，任憑他怎麼招呼，海鷗就是不願意靠近他，而且當男孩想接近那些海鷗，海鷗就會迅速的飛走，最後他只好很失望的回家。

然後和小朋友進行一場四十分鐘的意識會談對話教學。

我看到小朋友從剛進到會議室的不安緊張、到此起彼落勇於搶著回答的表現、侃侃而談自己在家裡或其他地方的經驗，到最後獲得的啟發和全體達到一個共識，在在讓人感動於「意識會談的有效提問」所帶來的有效溝通，其間改變不可謂不大。

誠如授課老師們一再提及：「對話不是訓話；提問不是質問；有效提問永遠比給答案重要。」所以，提問須有層次，講故事前須鋪陳暗示，以引起聽者的好奇心；而且提問要清楚，故事帶領要扣到個人的生活當中「你學到什麼？」否則故事只是故事，藉由故事進入生命歷程，最後才能帶出會談的核心價值觀。

研習會講師們的用心，大家有目共睹！每一堂課的分享和帶領都是來自講師們多年來的生活閱歷和生命經驗所內化和淬鍊出的醍醐。講師群無私的分享，讓我們這些參與者一而再地被感動，有些過往塵封已久的記憶很輕易的就被帶起來，讓我有了一個新的機會，回顧過去的生命歷程曾經發生什麼事，那當下我看到或聽到什麼，當時我又有什麼感覺、心情又如何，我是否從發生的事件中得到啟發？並在後來的生命裡做過改變和調整？以及如果有機會可以和故事或事件中主角說話，我會怎樣跟他說？

力行國小的孩子真是一群聰慧活潑的孩子，在慧慈老師用心及專業引導下，「在一百元和海鷗之間，你會如何選擇？」小朋友自己得出的結論是：「學習到友誼很重要！」「出賣朋友不是一件好事！」「要珍惜友情！」「我們在想什麼，海鷗都知道，不要以為別人看不出來！」

「有效提問」可以輕易促成「有效溝通」並「建立共識」，然而所有溝通的可能性，必定是來自一顆願意同理的真心和一雙願意傾聽的耳朵。誠如滿穆法師在回應月花師姐所說的一句話：「我不是聰明，我是真心欣賞每一個人！」

「將進酒　杯莫停　請君為我傾耳聽。」古人邀約朋友欲說真心話前，尚須藉酒壯膽；然而在激勵協進會的研習班裡，我們不須藉酒壯膽、甚至藉酒裝瘋，一切的答案沒有對錯、沒有好壞，我們是被接納的、被肯定的、被包容的、被珍愛的，因為這就是我，這是我的遭遇、我的對應、我個人獨特的生命經驗。

研習會場所營造的安全氛圍，是我可以在小組實際帶領演練時，不用讀本或別人故事，而是「以身試法」分享我最近「錯過」的遭遇，因為我知道在這個小團體裡，我的分享是安全的、被包容的，被肯定的、被欣賞的，並且不會被批判；我的小組每個人都熱情回應，最後還會送給我「未來精進」的禮物。

感謝小組各位菩薩、淑君老師、佳蓉老師、慧慈老師、覺多法師給予我的禮物，讓我知道：學會接受自己、愛自己很重要，「再一次省思」雖然很好，但不能停留在過去的反思，因為不可以累積負面因緣；我知道未來我不會「錯過」任何事，因為當下接受，當下就是最美好的因緣，不再錯過，因為「我的如實自性　依舊　清心如水　遇山水轉　遇石水轉　遇岸水轉　遇舟水轉」；我的人生旅途，將因為委屈婉轉而「流出自我　轉出自性　流轉出　自我人生的海洋」！

從「錯過」到「流轉」，一個轉念竟有天地之別，我知道自己做不到，是你們～激勵協進會的老師和同學們真心的接納，用心的對待，謝謝你們！

我愛你們！有你們真好！

後記

八月中接到主編的嚴肅通牒：「趕快寫後記」，才記起七月中交了修訂稿後，我根本完全忘記「寫後記」這檔事兒了！

能有這一本書的呈現，實在要感謝遠流出版公司對我「能出得了書」的信心，主編淑慎只憑與我一面之緣，就肯定我可以寫出一本實用的教學實錄。她從去年底陪著我歷經了婆婆的中風、婆婆的往生，到外子的罹癌、外子的抗癌……，每一通電話的關心，總沒少過她對這本書不離不棄的興趣。

終於在七月初，我從二十一萬字的初稿，開始刪、刪、刪，刪到十三萬字的修訂稿。這期間，還是要謝謝遠流出版團隊的相挺，編輯部的怡茜、行銷部的玟玉讓我感到自己是很棒的寫者，一再分享她們「也刪不下任何一個段落」的掙扎心情。

當真是太豐富的教學歷程了！

每一段對話，我都會重新回味那當下的發生情景，精采的畫面歷歷在目！

感謝在我移民宜蘭後所結緣的柯林國小九條好漢、十八羅漢，以及竹林國小五孝、五信和三愛的孩子們！你們慧黠的眼神，時時傳遞著「喜歡與人對話」的生命渴望，也時時回報著「我讓你們快樂學習」的教改成果。所以，我才能時時記載下與你們進行對話教學的來龍去脈。

當然，我敢於在這兩所學校盡情地揮灑我對「意識會談對話教學」的執著熱情，要感謝放膽讓我為所欲為的三位校長：李錦昌校長、周東燦校長和賴尚義校長，我可以深度的理解您們當年「願意充分授權，卻又提心吊膽」的行政為難。

已經走過十三個寒暑的客廳讀書會，是催生這本書的幕後功臣。謝謝您們不斷的鼓勵我要把這些年的教學實務分享出來，也謝謝您們在我突然想起可以借用您們的文字時，總能在第一時間就回應了我的需求，也就豐富了這本書的多元角度；尤其以家長身分參與這個讀書會多年的游嘉銘老弟，更是典藏這本書絕大多數圖檔的大功臣。

在我徘徊於這麼一本實務作業的可分享性時，許多我景仰的出版界前輩紛紛答應幫我寫推薦序：謝謝老戰友陶曉清女士，八月中收到的第一封推薦序就是她的手稿，當知道她是一口氣就把初稿讀完，我雀躍了好一段日子；謝謝我在意識會談方法學習上的啟蒙老師方隆彰教授，書中多處省思內容就是來自他的演講啟迪；謝謝參與了書上九條好漢火車環島學習之旅的曾世杰教授，當年是他鼓舞著我勇敢的踐行自己相信的教育理念；謝謝把意識會談法用到淋漓盡致的佛光山人間佛教讀書會的執行長覺培法師，她讓我見識了「即知即行」的領導風範；謝謝全國家長聯盟前理事長謝國清先生，從家長立場看到思考的重要性，而肯定這本書的價值；謝謝特需學生的救星吳佑佑醫師和嚕啦啦學弟王意中心理師，他倆都說「為本書寫序是他們的榮幸」，讓我為著打擾了他們的繁忙而能寬心許多；謝謝外子的恩師，也是台灣資優教育之父的吳武典老師，基於愛屋及烏的寬大胸懷，也賜序激勵了我。

書中提及再三的陳怡安老師，是這本書的靈魂人物！沒有他教導我學習意識會談的人文意涵，沒有他引導我認識對話教學的生命價值，不會有這本書的問世。

在最後一哩路的緊要關頭，我放心的把「校對」的重責大任，委託給外子的二哥王東江老師和三哥王捷西老師，這兩位大伯仔對我這么弟妹的愛護，讓我可以厚顏的懇請他們為這本書趕夜車校稿。

書名取為《啟動孩子思考的引擎》，靈感來自我有一個「讓我歡喜讓我憂」的女兒，她滿腦子的「為什麼大人可以，小孩就不可以！」三不五時就考驗著我「對話不訓話」的能耐，也考驗著我「提問不質問」的智慧；漸漸的，我在和女兒對話的經驗累積中，體悟了「大人怎麼說，孩子才願意聽」的道理。

最後，我要送一個大大的感恩給這半年來一直寧靜的與癌朋友對話的外子！如果1月16日的「切除腫瘤」手術不圓滿，如果術後化療不順利，如果沒有他一再的督促：「放心啦！我沒事了！趕快去把剩下的結尾完成。」那麼，躺在電腦裡半年的四分之三初稿，不會重現眼前！

要感謝的因緣太多太多啦！

期待書中的教學實例分享，能帶給讀者們新的對話覺察！

二〇一四年九月於宜蘭三星

國家圖書館出版品預行編目（CIP）資料

啟動孩子思考的引擎：活用四層次提問的有效教學／
宋慧慈著. -- 初版. -- 臺北市：遠流, 2014.10
面； 公分. --（大眾心理館；342）

ISBN 978-957-32-7492-6（平裝）

1. 思考能力教學 2. 學習心理學 3. 小學教學

521.426　　103018053

大眾心理館 342
啟動孩子思考的引擎
——活用四層次提問的有效教學

作者：宋慧慈
策劃：吳靜吉博士
主編：林淑慎
執行編輯：廖怡茜

發行人：王榮文
出版發行：遠流出版事業股份有限公司
100 臺北市南昌路二段 81 號 6 樓
郵撥／0189456-1
電話／2392-6899　傳真／2392-6658
著作權顧問：蕭雄淋律師

2014 年 10 月 1 日　初版一刷
2021 年 1 月 25 日　初版七刷
售價新臺幣 350 元（缺頁或破損的書，請寄回更換）

ISBN 978-957-32-7492-6

YLib 遠流博識網
http://www.ylib.com　E-mail: ylib@ylib.com